CARNAC

ou les mésaventures de la narration

ISBN – 2 – 86940 – 006 – 3

DENIS ROCHE

CARNAC

ou les mésaventures de la narration

Photographies de
Jean-Robert Masson

Nouvelle édition revue et augmentée

Jean-Jacques Pauvert aux
EDITIONS SUGER

DU MEME AUTEUR

Aux éditions du Seuil :

Récits complet (1963)
Les idées centésimales de Miss Elanize (1964)
Eros énergumène (1968)
Le mécrit (1972)
Louve basse (1976)
Dépôts de savoir & de technique (1980)

Chez d'autres éditeurs :

La liberté ou la mort, Tchou (1969)
Trois pourrissements poétiques, L'Herne (1969)
Matière première, L'Energumène (1976)
Notre antéfixe, Flammarion (1978)
Légendes de Denis Roche, Gris banal (1982)
La disparition des lucioles, Editions de l'Etoile (1982)
Douze photos publiées comme du texte, Orange Export Ltd (1984)
Conversations avec le temps, Le Castor Astral (1985)

Jean-Robert Masson a publié aux éditions du Seuil, en collaboration avec Gwenc'hlan Le Scouëzec, *Pierres sacrées de Bretagne*. Tome 1 : *Calvaires et enclos paroissiaux*, 1982 Tome 2 : *Croix et sanctuair*, 1983.

Note sur la présente édition

Depuis 1969, date de l'édition originale de ce livre (Tchou éditeur), peu et beaucoup de choses ont assurément changé dans le paysage mégalithique. Peu de choses, si l'on veut bien admettre qu'au-delà des trouvailles ponctuelles la problématique reste, à plus de quinze ans de distance, celle qui y était exposée et commentée. Beaucoup, si l'on énumère les nombreuses et fructueuses campagnes de fouilles et de restauration menées en Bretagne depuis cette date, et si l'on prend en compte l'émergence, depuis 1967, des travaux astro-archéologiques et géométriques du professeur écossais A. Thom, qui s'est intéressé à Carnac entre 1970 et 1976. L'extrême méfiance initiale des spécialistes bretons à l'égard des conclusions du Pr. Thom semble avoir fait place, au fil des ans, à une écoute toujours critique mais plus attentive.

Au demeurant, l'ensemble du savoir scientifique lié au mégalithisme tend à entrer de façon irréversible dans le domaine public. C'est là un glissement positif des mentalités dont il faut se réjouir : il ne fait d'ailleurs que s'accorder, de ce côté-ci de la Manche, à une tradition anglo-saxonne de vieille date. Aujourd'hui, l'honnête homme peut prétendre, sans difficultés insurmontables, accéder à quelques-unes des meilleures sources autorisées, ce qui, on en conviendra, n'était pas la règle dans les années 1960. Grâce en soit rendue, en particulier, au professeur Pierre-Roland Giot et à son équipe qui ont récemment publié à l'intention prioritaire des amateurs éclairés deux ouvrages importants sur la préhistoire et la protohistoire de la Bretagne. On ne saurait trop inciter le lecteur à se reporter à cette double publication qui, au seuil des années 1980, résume l'acquis pratique et théorique des chercheurs officiels de Bretagne.

L'iconographie de ce livre suit celle de la première édition, mais nous avons préféré des variantes lorsqu'il a paru que, sans le transformer, elles apportaient des touches différentes au portrait original. Dans le même esprit, nous avons étoffé plusieurs séquences auxquelles l'exiguïté de l'ancienne édition nous avait obligés à renoncer. Au total, un tiers des illustrations que nous présentons sont nouvelles.

Depuis 1969, de profondes modifications ont affecté certains des monuments et des sites qu'évoquent le texte et l'image. L'empiètement de la propriété privée, le laisser-aller des services concernés et la prolifération végétale ont, par exemple, rendu quasi inaccessible le quadrilatère de Crucuno, un « monument historique » pourtant exceptionnel. En revanche, le tumulus de Gavrinis, sous l'impulsion de C.-T. Le Roux, directeur des Antiquités préhistoriques de Bretagne, retrouve son antique splendeur. Le site et la chapelle de La Madeleine ont été joliment restaurés par les soins d'une association culturelle locale. Les collections du vénérable musée Miln-Le Rouzic viennent d'être installées dans le grand musée tout neuf qui fait désormais de Carnac la capitale du mégalithisme. Notre guide du tumulus Saint-Michel et notre nautonier du golfe sont morts, l'un et l'autre. Et le petit « dolmen de jardin » du centre-ville a disparu...

Ici et là, le décor carnacéen (ou carnacois, comme la mode aime dire aujourd'hui) a donc changé. Fallait-il pour autant « corriger » la partie visuelle du livre ? Nous ne l'avons pas jugé souhaitable. Il importait, en effet, de restituer dans sa vérité du moment ce que nous avions découvert en 1967-1968.

D.R. et J.-R. M.

Préface aux mésaventures de la narration

Qui se frotte au mégalithisme, qui tente de l'observer sans détours, dans sa variété, dans son émiettement, éprouve très vite cette obsession que rien n'est plus fascinant que le spectacle des altérations de la pensée naturelle. Cette pensée naturelle, celle qui nous occupe ***naturellement***, se trouvant tourner à vide, en roue libre, complètement ***à côté*** du problème – car ces grosses pierres sont un problème – qu'elle est censée débrouiller, sinon du moins développer devant nous.

FASCINATION DE L'INCONGRUITÉ

En même temps que cette fascination s'empare de nous, avec son cortège de non-sens et d'aberrations, une tentation nous assaille : celle de jouer davantage à ce non-sens, à cette impossibilité de rechercher un sens qui nous soit naturel devant ce défilé d'incongruités pierreuses. La tentation d'accumuler la mésaventure qui nous a fait nous trouver, brusquement, du haut du siège artificiel de la voiture, face à un gros dolmen, ou à mi-chemin d'une allée plantée de menhirs.

Cette fascination et cette tentation, je les ai ressenties, un jour que je me trouvais dans le petit hameau de Crucuno, au nord-ouest de Carnac. L'avant de la voiture visait l'angle de la maison contre lequel était accoté l'énorme dolmen qui porte le nom du village.

Bien que prévenu par les dessins de Blair et de Ronalds[1], remarquables de fidélité, bien qu'averti de cette masse par les photos déjà publiées, l'impression ressentie était intacte : il n'y avait rien de commun entre nous, entre la naturalité de ***notre*** Nature, entre notre déroulement à ***nous*** des faits qui nous composent et nous accompagnent, et cet accablant méfait de granit posé là.

1. Blair and Ronalds, ***Sketches at Carnac***, 1836.

Le dolmen de Crucuno, Morbihan.

Son *propriétaire* m'expliqua comment les bombes, en 1944, ne firent qu'écailler l'un des angles du monument. Il me montra l'intérieur, me fit admirer le volume des dalles de couverture, l'arrière trapu et comme relevé par les élytres du hanneton qui s'envole, mais dans le moindre de mes déplacements autour du dolmen je me sentais toujours à dix mètres, ***arrivant en vue*** de ce mégalithe. Car il n'y a que trois manières de l'éprouver à distance : il est « dolmen » (ce qui en indique schématiquement la forme), il est « mégalithe » (ce qui indique son appartenance à un *temps* donné de notre protohistoire et à un *genre* de construction[1]), et il est « monument » (ce qui indique en quelque sorte sa qualité face à notre regard). Ce rapport qui le lie en tant qu'objet à notre investigation visuelle, il ne nous est pas donné de le pousser plus loin. Car s'il s'agissait d'une cathédrale gothique, il est évident que d'autres qualités nous sauteraient aux yeux en même temps que les deux ou trois mots qui définissent arbitrairement l'église en

1. « L'expression générale ***monuments mégalithiques*** (du grec ***megas***, grand, et ***lithos***, pierre, rocher) sert à désigner une catégorie de monuments de pierre brute, ou légèrement dégrossie, édifiés voici quatre mille ans environ. » Fernand Niel, ***Dolmens et menhirs***, 1957.

tant que monument de pierre de telle ou telle forme : du même coup nous apparaîtraient toutes les autres façons que cette église a d'être *faite* par nous, de nous servir à quelque chose, et de s'intégrer toute seule dans quelque case de notre esthétique, de notre ordre architectural, dans quelque case aussi de notre ordre moral, de notre appartenance à un ordre social et politique, etc. Rien de tel devant le dolmen : nous nous *savons* complètement étrangers aux raisons qui font qu'il est là, posé là.

Et n'importe où, qui plus est. Cela aussi je l'ai éprouvé avec violence, nous l'éprouvons tous avec violence devant ces pierres : rien de ce qui les entoure – niveaux du terrain, végétations, forêts ou arbustes ou champs, habitations, villages, murs de pierres sèches, villes entières même – *rien ne va avec ces pierres.* Rien n'a été là en même temps qu'eux, rien ne leur correspond aujourd'hui, leur *voisinage n'existe pas.* Et les peuples eux-mêmes sont partis vivre ailleurs tandis que des tribus – très vite des nations – sont venues se camper contre ces cailloux massifs, embringués dans cette Histoire qui semble n'avoir démarré qu'après eux.

PROBLÈME DU TEMPLE ET PROBLÈME DE LA NICHE

Au milieu du siècle dernier, le dolmen de Crucuno servit de chambre à coucher à un fou d'une vingtaine d'années, relégué là par ses parents qui l'avaient enchaîné à l'un des montants. Il y passa près de la moitié de sa vie.

Pendant les guerres de l'Empire, le dolmen orné de Gavrinis servit d'habitation à des groupes de déserteurs. Ils y faisaient la cuisine, la fumée était absorbée par les milliers de mètres cubes du galgal qui recouvrait le monument, ils y dormaient appuyés contre les montants ornés de spirales, de serpents et de haches. Aujourd'hui, à la belle saison, on donne des banquets, on boit le vin frais, on danse, paraît-il, *dans* le dolmen de Bagneux à Saumur. J'y ai vu des bancs et des bicyclettes...

A Draguignan, la Pierre-des-Fées, le seul dolmen debout de Provence, sert de remise à un tracteur.

Petits repères pour notre nature à nous : une niche à homme ; un refuge, un gîte ; un préau ou une remise à outils. En somme la dérision de notre habitat, de notre façon d'habiter la terre : devant le dolmen de Crucuno, il me semblait que je regardais la caricature, tracée sauvagement, d'une maison. Et l'idée que si ce schéma se trouvait dessiné beaucoup plus petit, je n'aurais plus sous les yeux qu'un banc : deux montants supportant une planche plate. Devant le dolmen j'étais un homme aberrant dont la pensée n'arrivait pas à s'écraser contre le monument ni à s'en écarter suffisamment pour le considérer objectivement, j'étais un homme dépourvu de sens devant un monument d'où le sens, d'où toutes sortes de sens détalaient continuellement. Et aujourd'hui, d'habiles entrepreneurs du Morbihan construisent des caricatures de dolmens hautes de vingt centimètres et larges de trente à quarante, qu'on pose sur les gazons des jardins et que les gens croient à leur tour être des caricatures de niches à chiens ou des bancs pour leurs nains.

Autour du mégalithe notre narration se déroule sans convenir. Elle est inconvenante. Nous sommes l'inconvenance et la narration *à la fois* se propageant autour du monument et le guignant de l'œil. En fin de compte personne ne s'était jamais montré méfiant devant ces pierres-là[1], comme Fontenelle devant les oracles, et j'étais toujours là, dans la cour de ferme de Crucuno, sourd aux textes qui me parlaient des dolmens et des menhirs.

1. A part Flaubert, mais il s'y cassa les dents.

Affaire soulevée donc d'une problématique qui situe la description littéraire, touristique et scientifique (c'est la même narration, tous comptes faits) dans le même temps, et le même ton, que la pratique des rapports qui nous lient, nous qui regardons, à l'objet de nos convoitises. Le dolmen nous échappe par son incongruité dans le temps et l'espace civilisés comme il nous échappe face aux moyens que nous possédons actuellement de le décrire et de le raconter. Ou si l'on préfère : sa signification n'existant pas, est-il possible que signifie à son tour la façon que nous avons de le raconter ?

LE DOLMEN DEVANT SON CIRCONSCRIPTEUR

Mais rappelons aussi quel aspect massif et disparate a le mégalithe, si répandu sur nos surfaces. Car là où on l'a détruit, on ne l'a détruit que dans ses miettes. On démolit un dolmen là où le « semis mégalithique » en a disposé vingt ou cinquante. On ne l'atteint donc pas dans son aspect : on ne tue qu'un morceau du multiple. Ce qui subsiste n'est jamais altéré, si ce n'est par quelque croix plantée dessus, mais alors ce n'est

La « pierre levée » de Poitiers, en pleine ville aujourd'hui.

jamais le dolmen qui en pâtit, c'est la croix, confuse, qui demeure un supplément.

Le semis mégalithique oppose ainsi sa dispersion, son éparpillement, à la fois à notre tentation de le détruire et à notre envie de l'altérer, quand nous pensons le circonscrire trop facilement dans nos textes. Le semis *nous* quadrille et *nous* disperse et, quand nous parlons d'un dolmen, nous sommes tenus d'ajouter qu'il se trouve à tel endroit, dans tel pays, et que nous le « regardons » à telle époque. Rabelais « parle » du dolmen de Poitiers dans le *Pantagruel* de 1532, dans le contexte populaire qui est celui de son livre *et* en même temps celui qui *orne*, à cette époque, le prétexte folklorique accolé aux mégalithes des campagnes. On écrit déjà à même la dalle de couverture du monument (on y lit notamment la signature de Mercator) ; on « écrit » *qu'un jour* [Pantagruel] *print d'un grand rochier qu'on nomme Passelourdin une grosse roche ayant environ de douze toizes en quarré et d'espaisseur quatorze pans, et la mist sur quatre pilliers au millieu d'un champ, bien à son aize ; affin que lesdictz escoliers, quand ilz ne sçauroyent aultre chose faire, passassent temps à monter sur ladicte pierre et là banqueter à force flaccons, jambons et pastéz, et escripre leurs noms dessus avec un cousteau, et, de présent, l'appelle-t-on la* Pierre levée[1].

Quand le peintre Jorand se lithographie lui-même debout sur la *Table-des-Marchands*, à Locmariaquer ; quand Mérimée envoie au ministère de l'Intérieur son rapport sur le galgal de

La « pierre levée » de Poitiers, gravure de 1561.
Rabelais en parle dans le Pantagruel *de 1532.*

Gavrinis ; quand le chevalier de Fréminville se fait dessiner dessinant lui-même sur le dolmen de Kerroch, près de La Trinité ; quand Du Cleuziou compare les « alignements » de « Carnac » aux « allées » de « Karnak » ; quand Maudet de Penhouet « voit » dans les alignements de Carnac les « ondulations » sur vingt kilomètres du « serpent cosmique », faisant ainsi des « litholâtres » (adorateurs des pierres) une bande d'« ophiolâ-

1. Texte de l'édition J. Boulenger, Gallimard, 1955.

tres » (adorateurs du serpent), il est évident qu'à la rhétorique purement descriptive se superpose une rhétorique qui voudrait faire coïncider la narration de l'écrivain (homme de lettres ou savant) — dans son implication de personnage qui se raconte du même coup — avec tout ce qui est élément de « dévoilement », de « dé-couvrement » de ce qui l'a fui dans l'incongruité. Chaque auteur fait le procès de ce qui lui échappe et veut forcer le dolmen dans l'étroite bande où l'auteur reconnaît un terrain familier. D'un système inconnu de relations entre l'objet créé et le créateur on veut faire un système « déroulé » de références qui, prises séparément, ne peuvent plus étonner. L'incongruité, étant alors contagieuse, se déplace sur l'auteur qui, lui-même desservi par ses références qui seront caduques vingt ans plus tard, tombe en désuétude ou en utopie.

PHALLUS (OBJET) ET PERCHOIR (GESTE)

Les déplacements de sens se font de plus en plus dans l'étroit intervalle où la signification de l'objet ou du monument étudié a l'exposant symbolique le plus fort. Et où cet exposant symbolique est revêtu, en plus, du sur-symbole du geste (ou du maniement) suggéré par ledit objet. Ainsi du menhir, qui est *symboliquement* le phallus, ou l'arête, ou le poteau classique, et qui est, tout autant *symboliquement* l'érection, le signal et le perchoir. A la comparaison avec *une* civilisation, on a substitué très vite la comparaison avec des *faits* de civilisation, et cela à l'intérieur *des* civilisations mégalithiques. En quelque sorte les éléments non mégalithiques ne formant plus écran dans l'optique de ceux qui regardaient le mégalithisme, on s'est livré, depuis peu, à des séries de recoupement dans le comportement face à un certain nombre de symboles simples des civilisations primitives en général, mais en ne liant les faits de ce comportement qu'aux données connues et étudiées du mégalithisme.

En effet, le mégalithisme peut être considéré comme un style d'événements (architecturaux, religieux, sociaux) nés spontanément dans différents points du globe, à des époques souvent très éloignées dans le temps, événements qui se sont superposés à des faits de civilisation extrêmement différents[1]. On peut dire, schématiquement, que le mégalithisme ne s'est pas substitué à une religion, ni à un ordre social, mais qu'il est né d'un besoin qui se situe dans un ordre d'idées éloigné du seul sens religieux, ou du seul sens social, tout en participant de l'un

1. Il s'agirait de phénomènes de *convergence*.

Carnac-ville, « dolmen de jardin ».

comme de l'autre. Il ne pouvait donc pas être « comparé » seulement à une religion, ou seulement à un ordre social, encore moins à un peuple donné[1]. En fait, il faudrait presque voir dans le mégalithisme un ensemble de données abstraites qui ne pouvaient être matérialisées que par des constructions simples et durables dans un esprit de ***signalisation commémorative,*** surajouté à un certain nombre de fonctions (en rapport avec des « rituels » agraires et funéraires liés à un culte de la foudre et du feu), qui, elles, pourraient être extraordinairement variées suivant les pays observés. ***Les phénomènes archaïques,*** a précisé M. André Varagnac[2], ***ne sont pas l'expression d'une seule intention, bien au contraire. Les cérémonies anciennes et traditionnelles ont simultanément des fonctions multiples, au grand étonnement de nos esprits modernes, qui vivent de spécialisations. Cette complexité est d'autant plus vraisemblable, dans le cas présent, que le mégalithisme nous apparaît comme la toute première des religions à propagation indéfinie et la seule qui n'ait pas utilisé l'écriture.***

1. Précisons que le mégalithisme s'est développé au Japon dans les premiers siècles de notre ère ; qu'à Madagascar, on observait encore au siècle dernier, l'érection de mégalithes funéraires, etc.

2. In ***Antiquités nationales et internationales,*** IIe année, fasc. 1 et 2, 1961.

CODE CONTRE CODE

Insistons sur ce fait, justement, de l'absence d'écriture : l'écriture d'une civilisation « code » les données de cette civilisation, et c'est à ce code alors que s'appliquent nos observations scientifiques. Dans le cas du mégalithisme aucune des données que nous observons ne se propose comme « codée ». La donnée est, partout dans le temps, une donnée de pierre figurée[1], là où leurs constructeurs voyaient une idée. Alors que dans toute autre civilisation on observe un « code » pour « décoder » un ensemble cultuel, ici, devant le dolmen, on observe le résultat du culte pour remonter à l'ensemble cultuel et en « imaginer » le code d'où l'on pourra tirer un certain nombre de lois selon lesquelles on imaginera que les gens qui les observaient ont vécu. La chaîne se remonte différemment.

1. En forme de dolmen, de menhir, d'alignements.de cromlec'h..., d'orthostate ou de péristalithe.

On comprend comment, pendant deux ou trois siècles, les « observateurs » ont été de malheureux « commentateurs ». Fréminville comme l'abbé Mahé se référaient à des textes défigurés, et des livres entiers prétendirent « expliquer » le mégalithisme en recourant aux « poèmes celtiques » d'Ossian (alias l'homme de lettres Macpherson), aux *Triades bardiques,* à la *Kabbale,* à la *Genèse,* et même aux gravures de l'édition originale du *Traité de physique* de Descartes.

On s'inventait un code au fur et à mesure de la narration.

NOTRE VISAGE

Revenons au dolmen de Crucuno, sur ce terre-plein où l'herbe est foulée, trempée d'eau, où le purin de la ferme forme un tas tout à côté du « monument », et où je formai le dessein d'être l'historien et l'illustrateur d'une *mésentente :* formes des personnes et formes des pierres, et langages d'eux tout ensemble, flottant face aux articulations acérées des rhétoriques savantes. Mésentente, de surcroît, que je projetai de « réduire » dans le seul champ clos de l'écriture, en multipliant le face à face. L'histoire des rhétoriques du mégalithisme (rhétoriques populaire/légendaire, savante/interprétative) gît tout contre un enchaînement de tracés iconographiques (photos/gravures/relevés), qui en perpétue le visage utopique.

Je décidai de profiter de la circonstance pour y projeter, du même coup, le mien.

Lexique

ALIGNEMENT.

Equivalent de la *Stone Avenue* des Anglais. Selon Mahé, « pierres verticales formant des lignes droites. Tantôt ces pierres sont séparées les unes des autres, et quelquefois elles se touchent comme des soldats dont on fait la revue ».

Signalons que les files ainsi constituées peuvent être parallèles ou non (cf. le dossier sur les alignements).

Exemple : les alignements du *Ménec,* de *Kermario,* de *Kerlescan,* à Carnac ; ceux de Kerzhero, à Erdeven ; ceux de Do-Ring, au Thibet.

ALLÉE COUVERTE.

« Tombes rectangulaires » des anciens. En fait, constructions mégalithiques très allongées, étroites, basses de plafond, ne montrant aucune différenciation de galerie d'accès, du moins dans le sens axial. C'est en quelque sorte un dolmen à galerie mais où la galerie ne se différencierait pas de la chambre, chacune se prolongeant dans l'autre de façon insensible.

Appellation anglo-saxonne : « gallery grave ».

Exemple : *La Roche-aux-Fées,* à Essé, Ille-et-Vilaine.

Une exception : l'allée couverte *coudée* des *Pierres-Plates,* à Locmariaquer, Morbihan.

On les trouve le plus souvent à l'intérieur des terres. Correspondent à des tertres allongés, selon Glyn Daniel.

BARROWS.

On dit *mounds.* Terme anglais désignant autrefois les tumulus allongés, les *galgals* oblongs (expression également ancienne).

CAIRN.

« C'est le mot gallois *carn* ou *carnedd,* amas de pierres ; de ce mot vient Carnac, qui n'est que l'adjectif possessif de *carn,* et

◀ *Le menhir de Kergadiou, Finistère, lithographie de F. Benoist.*

signifie lieu où il y a un amas de pierres » (Cambry). Les deux mots, cependant, n'auraient aucun rapport.

CIPPUS.

« Petite butte en forme de coupe renversée », selon Cambry. Petit tertre tumulaire, en somme. Ce terme n'est plus usité.

CISTE.

Du breton *cist-ven* (anciennement *Kist-véan*), qui veut dire « tombe de pierre ». On dit aujourd'hui, plus couramment, *coffre de pierre.*

Exemple : les coffres découverts dans la région de Quiberon. Constituerait la forme la plus primitive du mégalithisme, encore qu'il ne s'agisse pas à proprement parler de construction mégalithique (V. et G. Leisner). L'allée couverte serait la forme « mégalithique » équivalente au coffre de pierre qui n'en serait que le schéma, schéma qui persista d'ailleurs durant toute la période d'évolution du mégalithisme, tout au moins dans ses formes occidentales.

CROMLEC'H.

Du breton *crom* (cercle) et *lec'h* (lieu, ou pierre témoin). C'est le plus souvent un groupe de menhirs formant un cercle, quelquefois un carré ou un rectangle (on l'appelle alors *quadrilatère*, ou *témène*).

Exemples : le cromlec'h du Ménec, à Carnac, Morbihan ; la témène de Crucuno, Morbihan.

Il s'agirait là d'une forme primitive de l'*enceinte sacrée.*

Barrow (ou cairn) de Silbury Hill, près d'Avebury (Wiltshire), d'après un dessin de W. Stukeley.

Gravure populaire anonyme, d'après une peinture sur bois (aujourd'hui au musée Carnavalet), montrant sainte Geneviève au milieu d'un cromlec'h.

Voici, à ce sujet, un passage significatif de Cambry : « Les enceintes sacrées, dont on trouve encore tant de vestiges dans la Celtique, ont été remplacées, dans des temps plus modernes, par les cloîtres de nos moines, de nos religieuses et de nos chanoines, enceinte dans laquelle l'église était renfermée et qui existe encore autour de la plupart des églises paroissiales des campagnes ; de là les parloirs des couvents qui n'ont été établis sans doute dans l'origine que parce qu'il n'était pas plus permis de dépasser les enceintes sacrées que de pénétrer dans le sanctuaire des temples, qui de là était nommé « adytum », lieu où l'on ne pénètre pas (...). » Allusion évidente aux enclos paroissiaux de la Bretagne intérieure. Cambry fait également allusion au « parc » de sainte Geneviève. L'église Saint-Merri, à

Paris, abritait un fort beau tableau du XVe siècle où l'on peut voir la sainte au milieu d'un véritable cercle de pierres dressées. Elle y file la quenouille, entourée de ses moutons. (Ce tableau se trouve aujourd'hui au musée Carnavalet.)

DOLMEN.

Du breton *dol* (table) et *men* (pierre). Termes anciens équivalents : taol-men, dolmin. La définition de Mahé est bonne : « Les dolmens sont des pierres longues et larges qui sont placées horizontalement sur d'autres pierres verticales, comme des tables sur leurs colonnes. » Les pierres verticales sont dites « supports » ou « montants », la (ou les) pierre horizontale est dite « dalle de couverture » (cf. le dossier sur les dolmens).

Autres appellations : *cibournié* (Roussillon) ; *stendösar* (Suède) ; *dysser* (Danemark) ; *mamra* (Portugal) ; *arca* (Estrémadure) ; *hunebed* — lits de géants — (Hollande) ; *tavola* (Corse).

Terminologie anglaise : *chambered-tomb* ou *chamber tomb*.

Classification (d'après le schéma initial de Le Rouzic) :

Dolmen simple. Type : *dolmen du Moustoir*.

Dolmen à galerie. Type : *dolmen de Mané-Kerioned*.

Dolmen à cabinet latéral. Type : *dolmen de Keriaval*.

Dolmen à dallage. Type : *dolmen de Kerroch*.

Dolmen à encorbellement. Type : *dolmen de Roch-en-Aud*, près de Saint-Pierre en Quiberon.

Dolmen simple dont les supports sont faits de pierres sèches ou de menhirs couchés. Type : *dolmens de Saint-Michel*.

Une variante, en réalité erronée, voudrait que l'on distingue les *demi-dolmens* (type : *dolmen de Kerdaniel*). Mais ce ne sont là que des dolmens traditionnels dont un support (ou tout un côté de supports) a disparu.

DOLMEN A COUPOLE.

Selon Biedermann, « dolmen à couloir dans lequel la dalle supérieure de la chambre est remplacée par une coupole en forme de ruche, construite en pierres allongées et imbriquées ».

C'est l'équivalent du « tholos » mycénien (style « Trésor d'Atrée »).

Selon Wölfel, le tombeau à coupole serait né dans la pénin-

◂ *Haut : Dolmen de La Prunarède, Hérault.*

◂ *Bas : Dolmen de Kercadoret, près de Locmariaquer, Morbihan.*

sule Ibérique avant de s'implanter dans les régions égéennes.

Exemples : tombeau à coupole de l'Ile-Longue, Morbihan ; tombeau de Maes Howe, dans les îles Orcades. Formes dérivées post-mégalithiques : les *nuraghs* de Sardaigne ; les *bories* de Haute-Provence ; les *cemer* de Dalmatie qui servent de greniers à céréales, etc.

DOLMEN A GALERIE.

C'est une sorte d'allée couverte où la chambre et le couloir d'accès se trouvent bien individualisés. Selon Giot et L'Helgouac'h, « il vaudrait mieux dire dolmen à couloir ».

A distribution surtout maritime.

Correspond à des tertres circulaires (Glyn Daniel).

Appellation anglo-saxonne : « passage grave ».

GALGAL.

Tumulus fait d'un amas de pierrailles recouvert de terre. Selon Bochart, « il n'y a point de mot plus usité chez les Hébreux que le mot *gal*, pour indiquer un amas de pierres ». Et selon Cambry, « Galgala est le nom du lieu où Josué pressa douze pierres monumentales ».

Exemple : le « galgal » de Gavrinis.

Mahé distinguait (sans raison particulière) les *galgals-tombeaux* et les *galgals-sacrés*.

LEC'H.

Menhir taillé, généralement de forme réduite. Porte souvent des croix gravées sur ses côtés. Quelquefois taillé en forme de phallus. Serait une forme dégénérée du menhir, des premiers siècles de la chrétienté. Dans le *Dictionnaire* de Dom Le Pelletier, écrit vers 1698 (publié seulement en 1752), on trouve les formes *liac'h* ou *leac'h*. La forme populaire serait *lia*. Cambry soutient que de là viendrait le français pierre de *liais* ou pierre de *lierre*. « En effet le liais sert pour les marches, les appuis, les lavoirs, les plates-formes et jambages de cheminées. » C'est évidemment très douteux.

Exemple : les lec'hs de la région de Locoal-Mendon.

Autre mot : *bétyle* [1]. Forme d'origine sans doute hébraïque désignant un petit menhir, sous sa forme taillée ou non.

1. Du grec *baitylos*, de l'hébreu *beth-el*, « demeure de la divinité ».

La stèle gravée de Langonbrac'h en Landaul, Morbihan, avec inscriptions en lettres onciales. ▶

a

LICHAVEN.

Pour *lech-a-ven*, mot breton qui se trouve dans l'*Histoire de la philosophie* de Deslandes, et qui signifie lieu ou table de pierre (voir trilithe).

MACERIE.

Amas de pierres sans ciment ; c'est aussi une enceinte sacrée si l'on en croit Servius. Ces enceintes devaient être consacrées à Jupiter *Herceus* (qui empêche d'entrer), selon Cambry.

MENHIR.

Du breton *men-hir* qui veut dire « pierre longue ». On dit aussi *peulven* (ou *peulvan*). C'est une pierre allongée, souvent grossièrement taillée pour lui donner l'aspect d'une colonne, mais on considère que c'est un monument de pierre brut. Il est planté dans le sol par son extrémité la plus pointue.

Appellations diverses : *pierre fiche ; pierre plantée ; pierre levée ; haute borne*, etc.

Le menhir est généralement seul, sa signification est alors très contestée ; il est quelquefois groupé en ligne *(alignement)*, ou en cercle *(cromlec'h)*, ou encore en rectangle *(témène* ou *quadrilatère)*.

On le trouve de temps en temps associé à un monument : comme signal ou repère d'un tumulus ou d'un dolmen. Sa forme est variable : il peut porter des bosses, être taillé en sifflet comme dans les îles Orcades, être en pointe ou en massue, être taillé en phallus, cannelé, décoré, etc.

Le plus grand est celui de Locmariaquer, qui gît cassé en quatre morceaux, et qui ne fut sans doute jamais dressé : c'est le *Mané-er-Grah* qui faisait 20,30 m de longueur et pesait près de 350 tonnes (cf. le dossier sur les menhirs).

PERISTALITHE.

Enceinte de pierres dressées autour d'un monument.

TRILITHE.

Dénomination moderne du *lichaven*, construction mégalithique faite de deux montants très hauts, grossièrement équarris, surmontés d'une troisième pierre également équarrie.

◀ *Les trilithes de Stonehenge, dessinés par E. King à la fin du XVIIIe siècle.*

Le trilithe de Saint-Nazaire, Loire-Atlantique.

Exemples : les trilithes de Stonehenge, le trilithe de Saint-Nazaire.

Une forme dérivée existe aux Baléares, dans l'île de Minorque : le ***bilithe,*** formé d'une pierre équarrie verticale surmontée d'une pierre équarrie posée, à plat, par-dessus (appellation locale : ***taula***).

TUMULUS.

« Agglomération de terre formant une butte artificielle » (Le Rouzic), tantôt de forme allongée (***barrow,*** type tumulus Saint-Michel), tantôt de forme circulaire (type tumulus de Kercado). Les tumulus mégalithiques recouvrent toujours des constructions dolméniques (dolmens, allées couvertes ou coffres). On considère que les dolmens et allées couvertes qui sont à l'air libre auraient « perdu » leur manteau de terre dans un temps plus ou moins ancien (érosion, déblaiement par les paysans ayant besoin de terre, etc.).

Repères chronologiques

Dernière période interglaciaire.	Peuplement généralisé de la Bretagne.
Paléolithique supérieur.	Quelques gisements très frustes.
Mésolithique. Néolithique primaire.	Gisements-cimetières de Téviec (23 squelettes) et de Hoëdic (13 squelettes), avec tombes ornées de bois de cerf.
– 4000	Apparitions des techniques néolithiques et des premières constructions mégalithiques. Tertres tumulaires à coffres de pierres.
– 3500	Premiers grands tumulus. Chambres dolméniques à toiture en encorbellement.
Néolithique secondaire.	Apparition de la céramique en Bretagne.
– 3000	« Floruit » de la civilisation mégalithique. La chambre dolménique se diversifie : – chambre à coupole sous tumulus ; – tertres tumulaires ; – dolmen à galerie, à cabinets latéraux, puis à chambre fermée ; – allée couverte ; – dolmens à chambre trouée ou à dalles échancrées.
– 2000	Alignements et cromlec'hs : apparition de données astronomiques précises (Stonehenge, témène de Crucuno).
– 1600	« Floruit » de la civilisation mégalithique maltaise.
– 1500	Apparition des peuples post-dolméniques, notamment : – Torréens en Corse ; – Nouraghiens en Sardaigne.
– 1200	Premières figurations humaines, ou assimilées. Age du Bronze. Envahisseurs, porteurs de poignards et d'épées en bronze.

THE

most notable

ANTIQUITY

OF

GREAT BRITAIN,

vulgarly called

STONE-HENG

ON

SALISBURY PLAIN.

RESTORED

By *INIGO JONES* Esquire,

Architect Generall to the late

KING.

LONDON,

Printed by *James Flesher* for *Daniel Pakeman* at the sign of the *Rainbow* in Fleetstreet, and *Laurence Chapman* next door to the Fountain Tavern in the *Strand*. 1655.

	Tumulus et dolmens à mobilier riche (épées, fibules, bracelets, colliers, haches en cuivre et bronze).
Premier âge du fer. (Hallstatt).	**Apparition des lec'hs.**
Deuxième âge du fer. (La Tène).	Industrie mégalithique de plus en plus fruste. Evolution des lec'hs.
— 58 à — 51	Guerre des Gaules.
	Premières mentions écrites des mégalithes sous le nom de *simulacra*, chez les historiens latins.
452	Concile d'Arles : condamnation des adorateurs de pierres.
538	Synode d'Auxerre : attaques réitérées contre ceux qui perpétuent des cultes antiques à l'endroit des fontaines, des pierres et des bois sacrés.
567	Concile de Tours : excommunication recommandée contre tous ceux qui vouent un culte aux pierres.
VIIe siècle	Au Japon, l'empereur Kôtoku interdit la construction des mégalithes.
658	Concile de Nantes : ordre d'excommunication lancé contre les adorateurs des pierres.
681-682	Concile de Tolède : *idem.*
743	Concile de Leptine : interdiction des cérémonies faites auprès des stèles dédiées à Mercure et Jupiter et appelées « Fans » (les lec'hs ?).
769	Capitulaire de Charlemagne, daté d'Aix-la-Chapelle : « Que celui qui, suffisamment averti, ne fera pas disparaître de son champ les simulacres qui y sont dressés, soit traité comme sacrilège et déclaré anathème. »
1150	Wace, traducteur de Geoffroy de Monmouth, mentionne les « pierres pendues » de Bretagne et le « Stone-Heng » d'Angleterre.
1532	Première mention détaillée d'un mégalithe — le dolmen de Poitiers — dans *Pantagruel* de Rabelais.
1634	Premières descriptions détaillées des mégalithes allemands dans Paulus Cypraeus, *Annales Episcoporum Slevicensium.*
1655	Publication de *The Most Notable Antiquity of Great Bri-*

◀ *Page de titre du* Stone-Heng *d'Inigo Jones.*

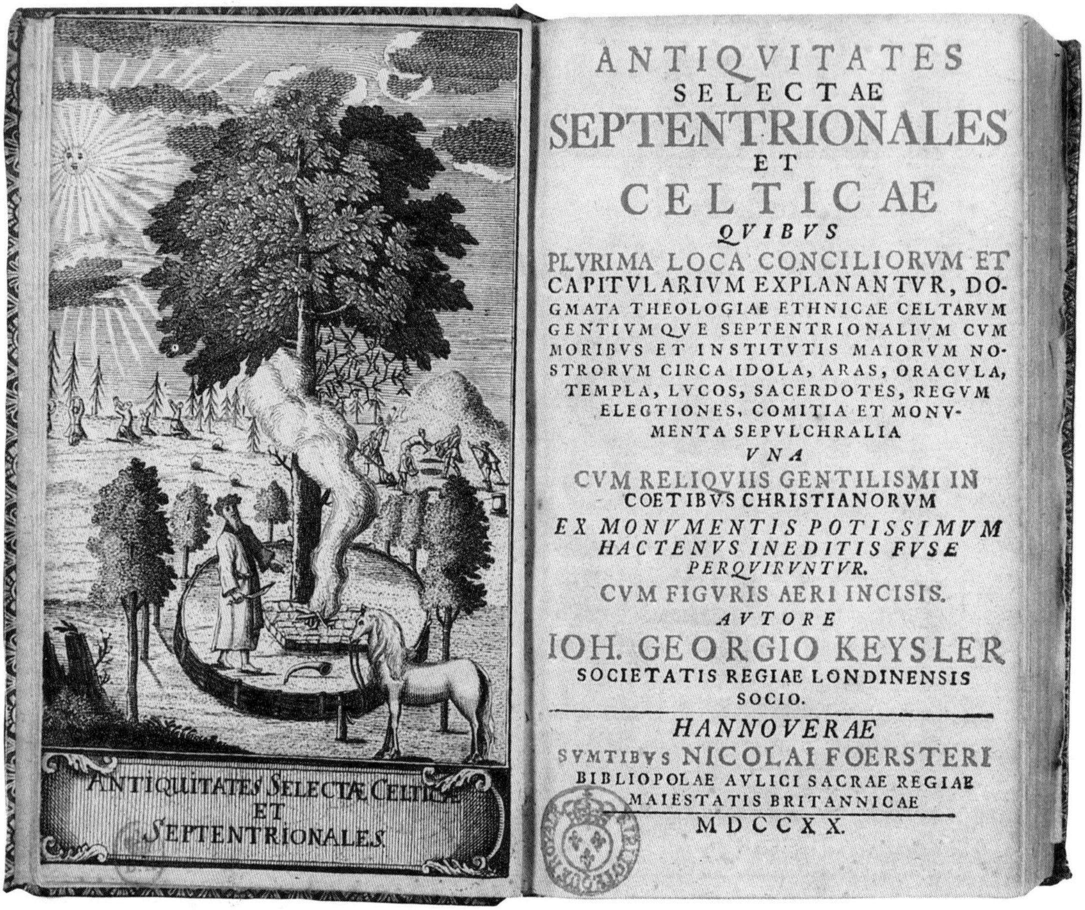

Frontispice et page de titre du livre de Keyssler.

tain Vulgarly Called Stone-Heng, par Inigo Jones, architecte de Jacques 1er.

1663 Walter Charleton publie, à propos de Stonehenge, *Chorea Gigantum.*

1685 Découverte de l'ossuaire de Cocherel, première sépulture collective préhistorique mise au jour. Publiée en 1722 par Le Brasseur, *Histoire du comté d'Evreux.*

1695 Camden publie *Britannia.*

1700 Naissance de la théorie « ophite » des alignements mégalithiques, lancée par Stukeley.

1717 Publication de la *Métallothèque,* de Mercati.

1720 Publication des *Antiquitates selectae septentrionales et cel-*

La première représentation d'une allée couverte, gravure extraite du même ouvrage.

ticae, de Keyssler : première étude détaillée des allées couvertes (celles de la Drenthe).

1723 Antoine de Jussieu, *De l'origine et des usages de la pierre de foudre*.

1724 Dom Bernard de Montfaucon publie le *Supplément* (deux dolmens y sont représentés) à l'*Antiquité expliquée et représentée en figures*.

1725 Début des relevés et des fouilles (?) du marquis de Robien dans le Morbihan.

1727 Dom Martin publie la *Religion des Gaulois*.

1729 Falconnet publie *Dissertation sur les boetyles*.

1737 Mahudel publie *Mémoire sur les pierres de foudre*.

1740 Stukeley publie *Stonehenge, a Temple Restor'd to the British Druids.*

1741 Simon Pelloutier, *Histoire des Celtes.*

1743 Stukeley publie *Abury* (Avebury), *a Temple of the British Druids.*

1750 Boureau-Deslandes publie son mémoire *Sur les arrangements singuliers de pierres...*

1764 Caylus publie le tome VI du *Recueil d'antiquités égyptiennes, étrusques, grecques, romaines et gauloises.* Pour la première fois se trouve exprimée l'idée que les dolmens sont antérieurs aux Celtes.

1769 Borlase, *Antiquities of Cornwall.*

1770 La Sauvagère, *Recherches sur les antiquités dans les environs de Vannes.*

Thomas Pownall publie la première description détaillée du dolmen orné sous tumulus de New-Grange, près de Drogheda, en Irlande. Seul équivalent connu dans le monde du dolmen de Gavrinis, dans le Morbihan.

1779 Premières observations, par Anibert, sur les allées couvertes de Provence.

1797 La Tour d'Auvergne, *Origines gauloises.*

1799 Legrand d'Aussy donne lecture, devant l'Institut réuni, de son mémoire *Sur les anciennes sépultures nationales.* C'est en même temps le premier exposé sur la terminologie mégalithique et la première définition des dolmens comme monuments funéraires.

1804 Fondation de l'Académie celtique.

1805 Cambry publie ses *Monumens celtiques ou recherches sur le culte des pierres.*

Maudet de Penhouet, *Essai sur des monuments armoricains qui se voient sur la Côte méridionale du département du Morbihan.*

1814 *L'Académie celtique* devient la *Société royale des antiquaires de France.*

1816 A. de Laborde, *Les monuments de la France.*

1817 Grivaud de La Vincelle, *Recueil des monuments antiques découverts dans l'ancienne Gaule.*

1823 Le peintre Jorand à Carnac et Locmariaquer.

1825 Mahé, *Essai sur les antiquités du Morbihan.*

1827 Le chevalier de Fréminville publie le tome I de ses *Antiquités de la Bretagne,* consacré au Morbihan.

*Page de titre de l'*Abury *de William Stukeley.* ▶

A B U R Y,

A

T E M P L E

OF THE

British D R U I D S,

With Some Others,

D E S C R I B E D.

Wherein is a more particular account of the firſt and patriarchal religion; and of the peopling the British Islands.

———— *Quamvis obstet mihi tarda vetustas,*
Multaque me fugiant primis spectata sub annis,
Plura tamen memini ——— Ov. Met. XII. v. 182.

By *WILLIAM STUKELEY*, M.D.
Rector of *All-Saints* in *Stamford*.

L O N D O N:

Printed for the Author: And Sold by *W. Innys*, *R. Manby*, *B. Dod*, *J. Brindley*, and the Booksellers in London.

M DCC XLIII.

1832 Le révérend Bathurst Deane à Carnac.
Première carte complète des alignements de Carnac, le ***dracontium*** des ***ophiolâtres***.
La carte ne sera publiée qu'en 1834, à Londres.

1834 Blair et Ronalds à Carnac. Premières représentations réalistes des alignements et des dolmens du Morbihan. Leur ouvrage, ***Sketches at Carnac, Brittany***, paraîtra à Londres en 1836.

1836 Prosper Mérimée à Carnac, Locmariaquer et Gavrinis.

1838 Arcisse de Caumont inaugure ses cours d'archéologie monumentale.

1847 Cayot-Délandre, ***Le Morbihan, son histoire et ses monuments***.
Premiers relevés systématiques des monuments mégalithiques du département.

1847-1864 Publications des travaux de Boucher de Perthes.

1850 Fouilles, par Le Bail, des dolmens de Rondossec, à Plouharnel.

1853 Fouilles du tumulus d'Arzron.

1858 Flaubert publie ***Des pierres de Carnac et de l'archéologie celtique***.

1862 Fouilles, par Galles et Lefebvre, du tumulus Saint-Michel à Carnac.
Fondation du ***Musée d'antiquités celtiques et gallo-romaines*** à Saint-Germain-en-Laye.

1863 Fouilles du Mané-er-Hroeh, à Locmariaquer.
Fouilles du tumulus de Kercado, à Carnac.

1864 Fouilles du tumulus de Mané-Lud, à Locmariaquer.
Fouilles du tumulus du Moustoir, à Carnac.
Travaux et études à Gavrinis par le Dr de Closmadeuc.
Premières publications de William C. Lukis sur les mégalithes d'Europe occidentale.

1865 Le baron de Bonstetten publie son ***Essai sur les dolmens***.

1872 James Fergusson, ***Rude Stone Monuments in All Countries, Their Age and Uses***. Premier ouvrage consacré au mégalithisme dans le monde. La traduction française, par l'abbé Hamard, paraît en 1878.

1877 James Miln, pionnier des fouilles carnacéennes, publie ses premiers travaux : ***Excavations at Carnac (Brittany), a Record of Archaeological Researches in the Bosseno and the Mont Saint-Michel***.

La traduction française paraît la même année.

1879 Création de la ***Commission pour la conservation des monuments mégalithiques***, sous la direction d'Henri Martin.

1882 G. de Mortillet publie ***Le Préhistorique***, première classification des époques pré- et protohistorique.

1884 Alexandre Bertrand, ***La Gaule avant les Gaulois, d'après les monuments et les textes.***

1893 Salomon Reinach renouvelle la terminologie des monuments mégalithiques.

1897 Première publication de Zacharie Le Rouzic sur ***Carnac et ses monuments.*** Petite plaquette, mais point de départ d'une longue série de réflexions.

1900 Début des grandes fouilles menées par Z. Le Rouzic dans toute la région du Morbihan, sous les auspices de la Société polymathique du Morbihan. Notamment, les fouilles définitives du tumulus Saint-Michel à Carnac.

1901 A. de Mortillet publie ses recensements — et les répartitions — des mégalithes français. Il est le premier à mettre l'accent d'une façon très précise sur les différences d'étalement des zones à menhirs et des zones à dolmens ou allées couvertes.

1905 Oscar Montélius, ***Orienten och Europa.*** Montélius propose une nouvelle classification des constructions dolméniques, développée à partir de celle qu'il avait publiée une première fois en 1876 :

1. Chambre dolménique simple constituée d'une seule dalle de couverture supportée par deux ou plusieurs montants ;
2. Chambre dolménique rectangulaire ou polygonale prolongée par une galerie d'accès (ou couloir) ;
3. Chambre rectangulaire allongée sans galerie d'accès.

1908 Joseph Déchelette publie le tome premier de son ***Manuel d'archéologie préhistorique, celtique et gallo-romaine*** qui contient un volumineux dossier sur le mégalithisme. C'est encore aujourd'hui la meilleure étude d'ensemble sur les problèmes que pose l'archéologie mégalithique.

1912 T. Eric Peet, ***Rough Stone Monuments and their builders.***

1914 Découverte des ensembles mégalithiques de Hal Tarxien, à Malte.

1915 Débuts des travaux du commandant Devoir sur les données astronomiques du mégalithisme occidental.

Menhir indicateur sud du cromlec'h de Kergonan,
Ile-aux-Moines, Morbihan.

1925 Gordon Childe, *The Dawn of European Civilization*. Publié en français en 1949.

1927 Saint-Just Péquart et Z. Le Rouzic, *Corpus des signes gravés des monuments mégalithiques du Morbihan.*

1933 Zacharie Le Rouzic, *Morphologie et chronologie des sépultures préhistoriques du Morbihan*, dans *L'Anthropologie.*

Le premier à faire apparaître que les plus anciennes formes dolméniques du Morbihan seraient constituées par les dolmens à chambres à encorbellement.

1934 Zacharie Le Rouzic, *Le Mobilier des sépultures préhistoriques du Morbihan*, dans *L'Anthropologie*.

1937 Fouilles des nécropoles mésolithiques de Téviec, par Marthe et Saint-Just Péquart.

1938 L'abbé Breuil publie ses relevés et ses commentaires sur les allées couvertes et les dolmens ornés du Morbihan.

1941 Glyn Daniel, *The Dual Nature of the Megalithic Colonization of Prehistoric Europe*.

1942 Werner Hülle publie ses travaux — et relevés — sur Carnac.

1954 Stuart Piggott, *Neolithic Cultures of the British Isles*.

1955 G. Bailloud et P. Mieg de Boofzheim, *Les Civilisations néolithiques de la France dans leur contexte européen*.

1956 Glyn Daniel, *The Allées Couvertes of France*.
R.J.C. Atkinson, *Stonehenge*.

1958 Glyn Daniel, *The Megalith Builders of Western Europe*. Proposition d'une nouvelle classification.

1959 Premières publications des résultats obtenus par la datation au carbone 14 des constructions mégalithiques vierges.
André Varagnac, *L'Homme avant l'écriture*. Un remarquable chapitre de synthèse sur les problèmes mégalithiques, intitulé *Le navire, porteur de religion*.

1960 Glyn Daniel, *The Prehistoric Chamber Tombs of France*.
Le 25 février s'ouvre, à Paris, le *Premier Symposium international sur l'étude des mégalithes*.

1962 P.-R. Giot, J. L'Helgouac'h et J. Briard, *La Bretagne*, ouvrage collectif de préhistoire bretonne, qui rassemble les travaux des chercheurs du laboratoire d'anthropologie de la Faculté de Rennes.

1965 Yannick Rollando, *La Préhistoire du Morbihan*.
Grâce à Maurice Jacq, la Société polymathique du Morbihan publie l'*Inventaire des monuments mégalithiques de la région de Carnac*, de Zacharie Le Rouzic, étonnant ouvrage de précision.
Thèse de Jean L'Helgouac'h sur *Les sépultures mégalithiques en Armorique*, premier essai contemporain de classification systématique des dolmens à couloir et allées couvertes.

1970-1980	Dix années de publications du professeur écossais A. Thom et ses collaborateurs sur la recherche des unités de mesures mégalithiques et les problèmes astro-archéologiques. Etudes et relevés sur place, à Carnac, de 1970 à 1976.
1976	***La Préhistoire française***, tome II : « Les civilisations néolithiques et protohistoriques de la France », sous la direction de Jean Guilaine. Imposant corpus d'articles scientifiques publié par le CNRS à l'occasion du IXe congrès international des sciences préhistoriques qui se tînt à Nice en septembre 1976.
1979	P.-R. Giot, J. L'Helgouac'h, J.-L. Monnier : ***Préhistoire de la Bretagne*** (quaternaire, paléolithique, néolithique), et P.-R. Giot, J. Briard, L. Pape : ***Protohistoire de la Bretagne*** (Age du Bronze et du Fer). Ces deux manuels d'archéologie régionale développent les données contenues dans l'ouvrage collectif des chercheurs de Rennes paru en 1962.
Années 1980	Importantes campagnes de fouilles et de restauration menées notamment au Petit-Mont et à Gavrinis. Dégagement des structures extérieures du dolmen de Gavrinis (fouilles menées par C.-T. Le Roux, directeur des Antiquités préhistoriques de Bretagne).
1985	Inauguration du nouveau musée de préhistoire de Carnac.

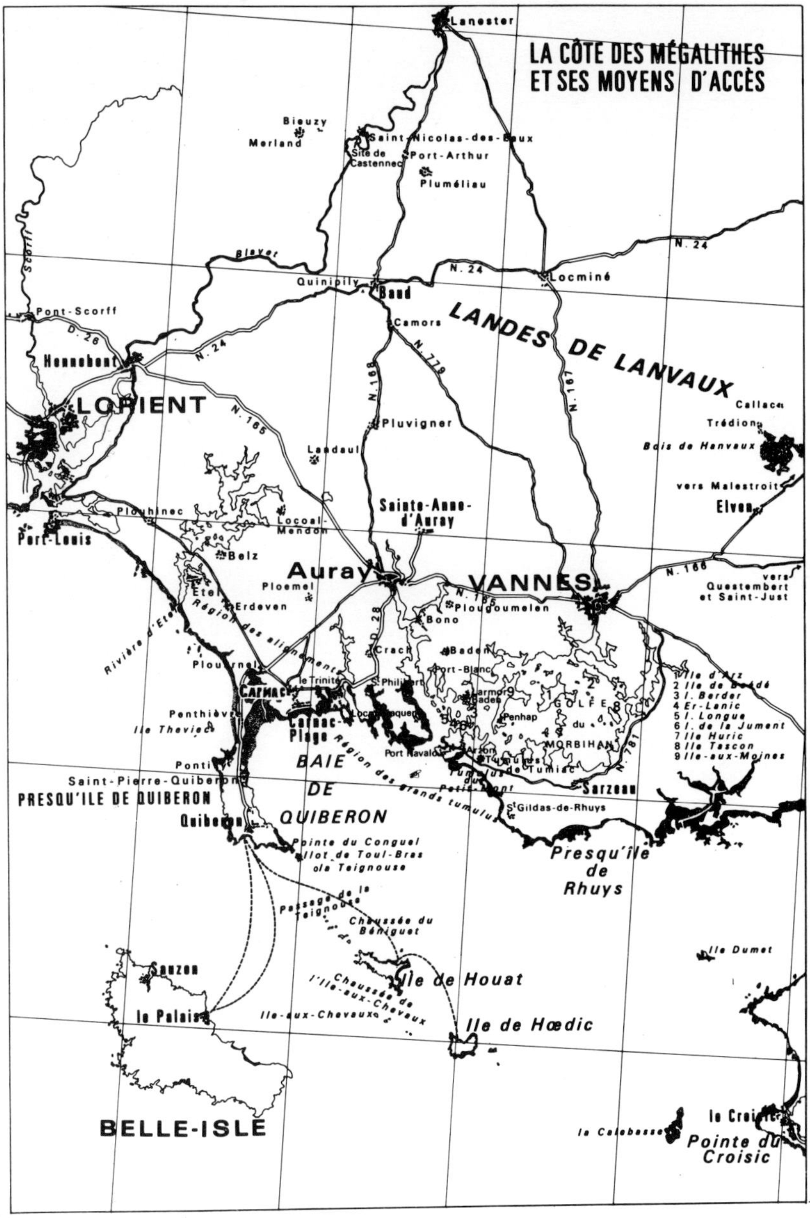
LA CÔTE DES MÉGALITHES
ET SES MOYENS D'ACCÈS
Lanester
Bieuzy
Merland
Saint-Nicolas-des-Eaux
Site de Castennec
Port-Arthur
Pluméliau
Scorff
Blavet
N. 24
Quinipily
Baud
Locminé
Pont-Scorff
D. 26
Camors
LANDES DE LANVAUX
Hennebont
N. 24
LORIENT
N. 165
N. 168
N. 779
N. 167
Callac
Trédion
Bois de Hanvaux
Pluvigner
Landaul
vers Malestroit
Elven
Plouhinec
Locoal-Mendon
Sainte-Anne-d'Auray
Port-Louis
Belz
Auray
VANNES
N. 166
vers Questembert et Saint-Just
Ploemel
Etel
Erdeven
N. 165
Plougoumelen
Bono
D. 28
Rivière d'Etel
Région des alignements
Crach
Baden
Plouharnel
Port-Blanc
le Trinité
St Philibert
Carnac
Larmor-Baden
GOLFE du MORBIHAN
1 Ile d'Arz
2 Ile de Boëdé
3 I. Berder
4 Er-Lanic
5 I. Longue
6 I. de la Jument
7 Ile Huric
8 Ile Tascon
9 Ile-aux-Moines
Penthièvre
Ile Theviec
Carnac-Plage
Penhap
Port Navalo
Arzon
Tumulus de Tumiac
N. 780
Sarzeau
Région des grands tumulus
Tumulus du Petit-Mont
BAIE DE QUIBERON
Saint-Pierre-Quiberon
PRESQU'ILE DE QUIBERON
Quiberon
St Gildas-de-Rhuys
Pointe du Conguel
Ilot de Toul-Bras
Ile Teignouse
Presqu'île de Rhuys
Passage de la Teignouse
Chaussée du Béniguet
Ile Dumet
Sauzon
Ile de Houat
Chaussée de l'Ile-aux-Chevaux
le Palais
Ile-aux-Chevaux
Ile de Hœdic
BELLE-ISLE
le Calebasse
le Croisic
Pointe du Croisic

Première journée

Visite à Jean Babouin et Jeanne Babouine

« Le grand arbre a été abattu ; on
en est réduit, à la surface du fleuve,
à voir étinceler au passage ses
feuillets d'or ou d'argent et à soupçonner,
sur des empreintes, les hautes présences
qui l'entouraient. »

André Breton,
Braise au trépied de Keridwen.

« En effet, où il y a des menhirs, un culte obscène a persisté. Témoin ce qui se faisait à Guérande, à Chichebouche, au Croisic, à Livarot. Anciennement, les tours, les pyramides, les cierges, les bornes des routes et même les arbres avaient la signification de phallus et pour Bouvard et Pécuchet, tout devint phallus. Ils recueillirent des palonniers de voiture, des jambes de fauteuil, des verrous de cave, des pilons de pharmacien. »

Flaubert

LA ROCHE-AUX-FÉES. RENCONTRE DU TEMPLE

Le premier jour, sans que nous l'ayons souhaité, était enchanté. La pluie et la grisaille effaçaient le bruit et diminuaient le paysage tout en lui conférant l'irréalité qu'on ne tiendra jamais ici à respecter. Il était bon d'entrer d'un coup dans cette imposture au moment où le premier objet allait nous sauter aux yeux du haut d'une colline imbibée de pluie.

A l'entrée en Bretagne, tôt le matin, c'est par un large arc en cercle au milieu des vallonnements qui avoisinent Retiers, par une petite route qui fait des angles droits que nous rejoignons Essé. Autrement dit un *monument* par lequel il est particulièrement intéressant de pénétrer le foisonnement mégalithique, dans cette région d'où il a presque totalement disparu. Et c'est le plus achevé : à cause de cela – forme aboutie de deux millénaires de pierres brutes –, il stupéfie au début du parcours. Et, à cause de cela aussi, il « rassure » quand on revient, quand on « en » revient. Il est le pôle d'entrée et le pôle de sortie. Et voyez : quarante et un blocs de schiste pourpré forment un parallélépipède rectangle qui serait parfait si l'entrée de cette Roche-aux-Fées n'était curieusement surbaissée, à croire qu'il s'agit là d'une préfiguration du porche des églises. Mais ce n'est qu'une approximation de linteau. C'est la naissance du linteau et le plus étrange de cette naissance esthétique – deux mille années de constructions mégalithiques étaient restées inesthétiques ! – est bien qu'elle s'entreprend du côté précisément du linteau.

La Roche-aux-Fées marque aussi, par son encombrement (vingt-deux mètres de long sur quatre à cinq mètres de largeur maximum) la volonté du fait architectural massif, isolé (très probablement). On passe du stade éparpillé, du *semis mégali-*

thique, type Morbihan, au stade de la grande construction type S.O.M. (nom donné aux grandes allées couvertes du Bassin parisien et réparties dans les départements de la Seine, de l'Oise et de la Marne). Force donc de l'acte architectural, naissance du beau dans la forme générale. Notons qu'ici, pour la première fois, on remarque un travail évident de taille sur cette porte d'entrée si remarquable : le linteau a une forme prismatique parfaite et il repose sur deux piliers cubiques. Les autres pierres sont à peine dégrossies, leur énormité interdisant sans doute aux tailleurs de pierre du mégalithique tout acte créateur autre que celui qui consistait à détacher d'une carrière

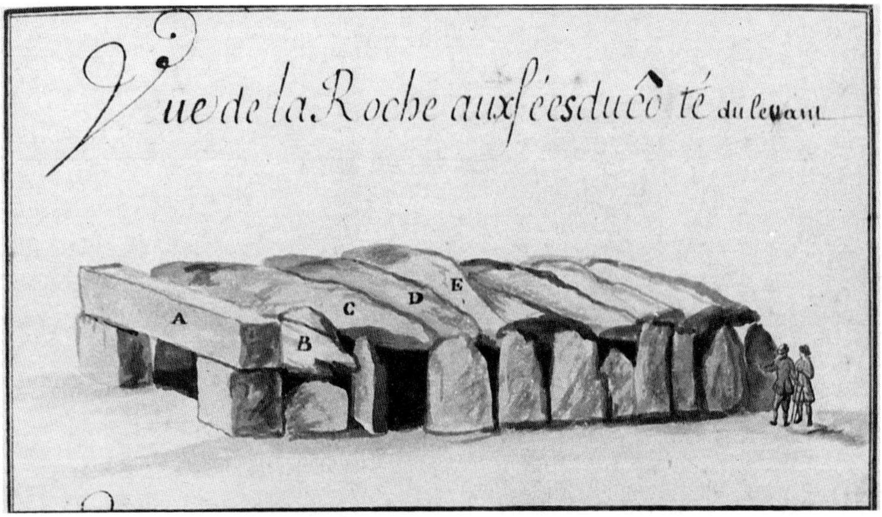

« Vue de la Roche-aux-Fées du côté du levant », dessin du marquis de Robien, XVIIIe siècle.

éloignée de cinq kilomètres (probablement la butte des Piqueliers, dans la forêt du Theil) ces gigantesques blocs de près de quarante-cinq tonnes et à les acheminer à travers la forêt jusqu'à cette clairière élue !

MYTHOLOGIE DU LITHOCLASTE

On en parlait avant Carnac, comme on parlait déjà du grand dolmen de Bagneux, à Saumur, ou de la « Grande-Pierre » de Poitiers à laquelle Rabelais fait allusion. L'un de ses admirateurs de la période révolutionnaire, qui répondait au beau nom

Le « linteau », type Mycènes-Malte, de la Roche-aux-Fées d'Essé, Ille-et-Vilaine.

de Noual de La Houssaye, expliquait ainsi cette survivance[1] : « La situation du temple d'Essé au milieu d'une immense forêt l'avait sauvé de la destruction des Romains ; elle le fit également échapper dans la suite aux décrets portés par les conciles contre tout ce qui pouvait rappeler l'ancien culte de la Gaule... » Les druides et les sectateurs, cédant à la force ou à la persuasion, abandonnèrent « le lieu consacré à leurs cérémonies, ajoute de Noual, mais ils ne le détruisirent pas ».

Du fait d'ailleurs que les Romains avaient respecté le monument, on déduisit qu'ils avaient pour cela quelque raison cachée : le mythe du trésor naquit. On crut, Ogée l'historien le mentionne, que des légionnaires avaient enterré là leur général avec son butin de guerre. On a retrouvé dans les papiers du département la trace d'un décret pris par la police locale contre les déprédations auxquelles se livraient, sous la Révolution, les

1. A de Noual de La Houssaye, *Mémoire sur un monument ancien du département d'Ille-et-Vilaine connu sous le nom de la Roche-aux-Fées.* Extrait du tome V des *Mémoires de l'Académie celtique.*

La Roche-aux-Fées, allée couverte exemplaire.

paysans de l'endroit qui fouillaient avidement sous les supports au risque de faire effondrer le tout. C'est un fait curieux, tout au long de notre voyage, que d'avoir constaté cette permanence du procès-verbal de la dégradation. Pendant des siècles on a interdit toute déprédation de détail au profit du vandalisme en grand des entrepreneurs en démolition qui revendaient avantageusement les pierres provenant des constructions mégalithiques.

Et quand les carriers n'osaient s'attaquer à Essé, c'était au tour des « dragons » d'intervenir ! Ceux du régiment d'Orléans qui, en 1789, tenaient garnison à Rennes et qui, soucieux de démonstrations éclatantes, entreprirent, avec l'aide des jeunes gens de Piré, de *brûler* le monument ! La chaleur dut tout de

même être bien forte puisqu'elle fit éclater l'une des pierres de couverture. La large dalle qui se voit, à demi enterrée, au fond de la galerie, provient de cet autodafé.

Mais puisque nous parlons de « lithoclastes », citons tout de même un curieux texte rapporté par Bézier, qui introduit à la légende en même temps qu'à la xénophobie. Il s'agit d'un procès-verbal dressé par le maire d'Essé, en 1882, après déposition de sept « témoins ».

Ceux-ci déclaraient que *« vers la date de 1855 (ces messieurs ne peuvent préciser l'année) un acte à jamais déplorable, commis par deux* Anglais, *a enlevé à ce monument son plus grand attrait. Jusqu'à cette époque, la pierre la plus orientale, reposant aux deux extrémités sur une autre pierre, était équilibrée de façon que, malgré sa masse, un seul homme vigoureux, monté dessus, la faisait bouger en écartant les jambes et en imprimant une grande pression de droite à gauche. Cette pierre, c'était la Pierre-d'Epreuve, qui, depuis environ 1855, ne peut plus être ébranlée même par plusieurs hommes. Les Anglais voulurent arracher, au moyen de coins, un bloc de cette pierre ; ils ne purent y réussir, mais la fendirent dans la partie sud-ouest, ce qui lui a enlevé la précision qui avait été obtenue pour remplir le but auquel elle était destinée ; c'est un malheur irréparable ».*

Cette Pierre-d'Epreuve, c'est du moins l'avis de Bézier[1], n'a sans doute jamais existé que dans l'imagination de ces plaignants tardifs. Et pourtant, le même Bézier a longuement recueilli chez les habitants les plus anciens de la commune des récits ayant trait au *ber* des fées — c'est-à-dire leur berceau — et à leur *poêlon*. Celui-ci se trouvait à la ferme du Rouvray (dont dépendait la Roche-aux-Fées) tandis que le berceau n'était autre, précisément, que cette pierre oscillante du monument. Ces curieuses appellations semblent indiquer l'existence, autrefois, d'un autre groupe mégalithique, tôt disparu, à moins qu'il ne s'agisse là des débris du grand tumulus qui recouvrait jadis l'allée couverte, pierrailles de toutes tailles qui encombrèrent longtemps les champs voisins. Un ruisselet tout proche a même tiré, semble-t-il, son nom — le ruisseau du sang — des blocs de schiste rouge qui gisaient au fond de l'eau.

1. Paul Bézier, *Inventaire des monuments mégalithiques du département d'Ille-et-Vilaine*, 2 vol., publiés à Rennes de 1883 à 1886 par la Société archéologique d'Ille-et-Vilaine.

Tout cela, toutes ces *traces* d'existences, de faits ou de mesures, expliquent largement le foisonnement des légendes dans lesquelles des fées bienfaisantes, protectrices de damnés et de belle tournure, assuraient la construction de l'édifice en charriant les grosses pierres pourpres depuis la forêt du Theil. Bézier en rapporte plusieurs, toutes étranges, toutes cruelles. Retenons celle-ci, qui eût plu aux surréalistes : *« Pendant que les fées bâtissaient leur roche, l'une d'elles faisait le guet afin d'empêcher l'approche des humains désireux de surprendre le mystère de la construction. Un homme qui les épiait, dissimulé derrière une haie, fut aperçu, et l'éveil fut aussitôt donné : " Tire-lui les yeux ", cria la fée maîtresse à la fée sentinelle. " Ce n'est pas possible, répondit celle-ci, il en a plus de mille. " Le curieux, pour ne pas être reconnu et avoir ainsi une chance d'échapper au châtiment, s'était caché le visage derrière un crible. »*

Pendant que J.-R.M. prend quelques photos, la pluie se

remet à tomber doucement. Les collines sont désertes. Pas de paysans au travail, c'est l'époque où tout se met à pousser, où la lande — les premières landes font leur apparition — se met à bourgeonner et à tacher d'un jaune éclatant le paysage. Le dolmen s'assombrit. Son isolement est impressionnant. En somme, citer des textes anciens devient un plaisir incongru qui, dans ce cas particulier où l'on ne traite que de cailloux arrogants *et qui n'ont pas de sens* (comme disait Jules Janin), n'humanise en rien le choc d'une telle rencontre. Voici la description que faisait Ogée du monument, à la veille de la Révolution[1] : *« Il est composé de quarante-deux pierres d'une grosseur considérable, et forme deux appartements : le plus grand est de soixante-cinq pieds six pouces de longueur, sur onze pieds six pouces de largeur dans œuvre, en rétrécissant vers le second appartement, qui forme un cabinet de sept pieds en quarré : les entrées, tant au levant qu'au couchant, sont contiguës au cabinet qui communique à la grande pièce. Ce cabinet ne ferme point à la sortie ; mais le grand appartement, situé au sud, est fermé, à l'exception des entrées dont on vient de parler. La construction de ce monument est de quinze pierres à l'est et de seize à l'ouest, toutes posées debout ; celle qui fait la clôture du grand appartement est couchée, elle a six pieds d'épaisseur en évasant jusqu'au cabinet, où elle se termine à quatre pieds six pouces.*

« Outre ces trente-deux pierres, il y en a dix autres soutenues par les premières ; de ces dix, qui sont toutes d'une grosseur extraordinaire, sept forment chacune un recouvrement depuis cinq pieds jusqu'à neuf de largeur : leur grain est d'un roc brut et leur position est sans art. »

1. Jean Ogée, *Dictionnaire historique et géographique de la province de Bretagne*, Nantes 1776-1780, 4 vol. in-4°.

LES LANDES DE LANVAUX

La grisaille nous accompagnera jusqu'à Saint-Just. Nous atteignons la *queue* de l'une des plus extraordinaires régions de la Bretagne préhistorique, les landes de Lanvaux, de sinistre réputation. D'où qu'on les aborde, on ne peut que les reconnaître. Et les *reconnaître*, c'est en subir la peine, la grande tristesse. Ce ne sont que longs rubans de verdure, mais d'une verdure sombre, sombre et propre. L'austérité d'une forêt de sapins d'Auvergne est plus brutale, on n'y pénètre pas. Au contraire des landes de Lanvaux, qu'on pénètre sans sourciller, mais dans

lesquelles on s'englue. Ici fleurit l'aura inquiétante des régions que la christianisation a faussées sans les transformer, que la civilisation a un peu salies, sans plus.

Tout au long de cette bande étroite, l'archaïque blesse. On se sentirait presque coupable de l'avoir négligé là où il apparaissait moins, et c'est peut-être de là surtout que provenait notre accablement.

Saint-Just n'est que le point le plus oriental d'une série de crêtes schisteuses qui prennent naissance au sud du village de Baud, par les bois de Camors, les derniers bois hantés du Morbihan, à près de quatre-vingts kilomètres à l'ouest. Des bois, aujourd'hui clairsemés, mais dont l'intégrité est préservée par les difficultés qu'y rencontre la petite culture, jalonnent ces crêtes, piqués çà et là de groupes mégalithiques importants, de calvaires peu attrayants, de croix sans gloire et d'un certain couple de « babouins » dont il sera question plus loin.

Un brouillard très fluide occupe les quelques collines du site. Au sommet d'une petite côte, juste à l'entrée du village quand on vient de Pipriac par la D. 65, un stupéfiant spectacle s'offre à nous : quelque recteur, par esprit de vengeance (on dit aussi *exorcisme*), a cru bon d'édifier ici, au cœur de cette *agglomération de monuments mégalithiques* dont parle le *Guide bleu*, un fantomatique calvaire à plusieurs *ponts*, qui pêche par excès d'esprit accumulatif et par manque d'invention. C'est bien le moins que l'on puisse en dire.

En tout cas, la vindicte et la dégénérescence y font bon ménage. A première vue, il semble bien que le calvaire ait été édifié sur l'emplacement d'un cromlec'h dont il ne subsisterait que la partie orientale, à droite quand on regarde l'ensemble des grottes. Car grottes il y a, et de Lourdes et d'ailleurs : un saint Joseph voisine avec une Vierge à l'air bien triste. Par-dessus, le Christ étend les bras sur un socle mégalithique bardé d'ex-voto qui auraient bien besoin de l'aide du fil de fer. L'accès au *sommet* peut se faire par quelques marches taillées dans les blocs. Elles mènent à une grande croix de pierre, à moitié vraie, à moitié bétonnée, qui a le mérite de couronner cette étrange pièce montée.

Il serait évidemment injuste d'épiloguer sur le calvaire de Saint-Just, si cette forme de *dégénérescence cumulative* du mégalithisme breton, particulière au début de notre siècle, n'avait foisonné dans le Morbihan. C'est de l'outrecuidance de la part

Pages précédentes : Saint-Just, site de Tréal, allée couverte ruinée dite la Grotte-aux-Fées.

de quelques-uns. Et c'est de la bêtise. Une religion ne peut se substituer à une autre qu'en l'assimilant intelligemment. Ce qui fut fait, vaille que vaille, en Bretagne, durant tout le Moyen Age, malgré les fanatismes en présence. On aura l'occasion de reparler de cette survie délicate du mégalithisme quand il sera question des édits conciliaires. Aussi bien verrons-nous le calvaire moderne de Callac, près de Trédion, ce qui n'est pas loin d'ici, un peu plus à gauche de la carte, sur l'échine des landes de Lanvaux. Et puis celui de Locmaria en Ploemel, dans le groupe mégalithique de Carnac, à dimensions réellement fantastiques. Et celui de Louisfert, au village où enseignait le poète René-Guy Cadou, tombe herculéenne d'un curé buté. Curieux pays où se côtoient l'extrémisme et la naïveté. C'était en quelque sorte le portail d'entrée au pays des cyclopes.

SAINT-JUST OU L'ADOLESCENCE MÉGALITHIQUE

Le site est très étendu, sans jalons, sans points de repère. Sur près de huit kilomètres, une succession de petites collines boisées, entrecoupées de landes hostiles, n'invite ni au recueillement ni à l'étude systématique. Tout est ici mêlé comme si l'on assistait à l'arrêt brusque d'une activité en expansion : certains ensembles n'ont été qualifiés *qu'ici* d'*ateliers mégalithiques* (l'atelier de Séveroué). Toutes les formes, toutes les destinations sont sans doute représentées sans qu'il soit commode de les distinguer ni de les apprécier. Disons tout de même quelques mots des groupes les plus importants qui ne sont plus rien que des toponymes pittoresques, incohérents. Une visite rapide, sur l'axe Saint-Just – Sixt, en allant vers La Gacilly. A l'est de la route de Pipriac : l'atelier de Séveroué et la Roche Mathelin. A l'ouest, et sur une ligne presque continue : les rochers de la lande de Grémel ; les Roches piquées, le Château-Bû et les pierres Chevêches, sur la lande de Cojoux ; enfin, au nord de l'étang de Saint-Just, d'aspect particulièrement romantique, sur des épaulements de terre désolés, le groupe de Tréal qui parsème une lande d'ajoncs grisâtres coupée de larges plaques pelées où n'affleurent que le schiste ardoisier et le quartz. Là se dressent d'étonnants reliefs, *gratuits*, épiques, comme cette colossale *Palette* naturelle que l'on peut rejoindre par des échelons égayés par des rondins, œuvre gentille des groupes scouts de la région. Cela fait buvette et

Saint-Just, le «calvaire mégalithique».

faux rustique — on y consomme beaucoup à la belle saison, et l'on se croirait dans les grès de Fontainebleau. Rien ne permet cependant de deviner que derrière ce lieu factice se cache une très belle allée couverte ruinée au milieu d'un boqueteau de pins envahis par la végétation. Seul, un banc fait de rondins pourrait laisser croire à quelque invite lamartinienne. C'est incongru au possible. Merveilleusement incongru. Cette sorte d'habitacle à os, ou de temple, ou d'effet magique, sans appellation, sans ***désignation***, face à cet objet utile mal équilibré et bienveillant. Mais il pleut, il fait très frais, on distingue mal le lointain à travers les rangées de troncs noirs. Il faut partir reprendre ces routes bordées d'alignements de petits menhirs de schiste reliés par de longues bandes de bois, d'écorces. Autant de palissades singulièrement développées : des plaques de schiste effilées, ***menhiriformes***, à croire qu'il s'agit bien là

Les Tablettes de Cournon, près de La Gacilly, Morbihan.

des mêmes petits menhirs qui bordent le calvaire de Saint-Just.

Impossible de situer l'ensemble mégalithique de Saint-Just à l'intérieur d'une chronologie même vague : c'est l'un des traits remarquables de notre savoir, quant à cette période, quant à cet « ordre mégalithique », qu'il nous manque toute certitude — les points de comparaison étant inexistants — tant du point de vue des filiations esthétiques que du point de vue des datations dans le temps. On ne peut pas dire que tel monument précède tel autre *parce qu'il a telle forme*. On ne peut pas dire non plus que tel monument précède tel autre *parce que la datation au carbone* 14 *indique une période plus ancienne* après analyse d'un morceau de bois calciné trouvé à l'intérieur du dolmen.

Si la matière mégalithique est massive, elle n'est pas pour autant moins fuyante.

Saint-Just est un ensemble unique sur un terrain original, où la variation monumentale semble obéir à quelque loi de la dispersion, sans doute magique, certainement en relation avec des rites sociaux localement bien déterminés.

LES TABLETTES DE COURNON

La pluie détrempe la large allée cavalière qui borde les bois clairs de La Gacilly. Un habitant du village, peu surpris — le dolmen que nous recherchons est l'un des plus célèbres de la région — nous a dirigés vers ces éminences dont le vert des pins, sous cette fine lumière qui accompagne au printemps les pluies bretonnes, resplendit comme de la couleur étalée. Un chemin, dont la sinuosité est à peine visible, mène aux ***Tablettes de Cournon*** (curieux nom pour un dolmen) dont les caractéristiques principales, à première vue, sont l'encombrement — il est énorme, 5 m de long, 2,70 m de large, 1,50 m de haut — et un aspect friable et incohérent dans le grain de la pierre qui donne lieu à une sorte de festival des langues dans un comité de géologues : le monument, qui aurait autrefois reposé sur des dallages est constitué d'une dalle en ***poudingue ordovicien*** qui repose sur des piliers faits de deux autres sortes de poudingue, ***cambrien*** et ***pliocène***. Mais, fait remarquable, tous ces ***poudingues***, qui sont dits de Gourin, sont, par le fait des mégalitheurs, « emplacés » (comme on dit dans la région) sur des schistes d'Angers ! ***Pardonnez-moi***, comme dit Cambry[1], ***cet étalage d'érudition ; on est forcé de s'en excuser dans ce siècle, comme à la Cour de disserter, comme à Paris d'avoir un caractère, comme d'employer près de certaines femmes le langage de la raison.*** Quoi qu'il en soit, le langage de la raison oblige ici à reconnaître qu'il s'agit de « l'un des plus beaux dolmens du Morbihan[2] ». Ogée, en 1843, et Cayot-Délandre, en 1847, le signalaient déjà.

1. Cambry, *Voyage dans le Finistère*. 1794.

2. L. Marsille, in ***Bulletin de la Société polymathique du Morbihan***, 1933.

Malheureusement le monument a beaucoup souffert : retapé tant bien que mal, après des calamités qui furent attribuées aussi bien à la foudre qu'aux visites intempestives de Maudet de Penhouet au début du siècle dernier, il subit l'assaut vicieux des ronces et des rejets de jeunes chênes agressifs. Le tendre poudingue y résiste mal, et la chambre, autrefois bien séparée en trois stalles distinctes, a aujourd'hui piètre figure. La colonne de béton qui l'aide à ne pas s'effondrer trop tôt fait, aussi, un peu mal.

Mais s'attarder ici n'a pas grand sens. La fin de l'après-midi approchant et les nuages de pluie s'éloignant rapidement nous gagnons la romantique région du château d'Elven, chère à Octave Feuillet qui y campa les décors de son ***Roman d'un jeune homme pauvre ;*** landes très colorées, grands pans de murailles crénelées, conciergerie de château hantée par des lapins de pierre aux angles des toits ; bois aussi, touffus mais clairs, restes tragiques de la grande forêt continue d'autrefois.

JEAN BABOUIN ET JEANNE BABOUINE

La montée dans les bois de Hanvaux est très belle. La fin de journée est très douce, l'air a cette particulière amitié envers les hommes que l'on ressent fortement quand la lumière est rasante et que la pluie a éclairci l'atmosphère. Il fait frais.

Depuis longtemps l'idée que ces bois abritaient un couple de pierre au destin aussi peu scientifique m'obsédait ; cette singularité dans une région mégalithique aussi dense que l'Armorique tout entière avait de quoi faire penser à quelque imposture. Mais la réalité est sans doute beaucoup plus simple.

Jamais couple n'aura été plus difficile à retrouver : perdu dans des taillis, en plein dans le bois de Hanvaux, au nord d'Elven, dans la grisaille des troncs où les deux pierres se détachent très mal, il fut signalé plusieurs fois au cours du XIXe siècle, avant de disparaître vers 1880. Mais ce n'était qu'une disparition « officielle » : typologiquement aberrant le couple était « oublié » dans l'esprit des archéologues. Il fallut attendre que l'illustre Mortillet en personne vînt les relever : la terre les recouvrait déjà en partie de ses ronciers et d'un talus qui débordait. On les mesura, on les interpréta, on les décrivit (c'était difficile)[1]. Remises en place à quelques mètres l'une de l'autre, les deux pierres ***redevinrent*** le prétexte cultuel qu'elles avaient toujours été. Selon Mortillet, en effet, autrefois, sans doute encore à la moitié du siècle dernier, à certaines époques de l'année, les habitants venaient danser dans la portion de terrain comprise entre les deux figures. La pierre mâle a curieusement une forme de phallus très réaliste, mais la partie correspondant au gland est aplatie d'un côté, formant ainsi un « visage » discoïdal où la bouche est bien indiquée, et a l'allure vaguement simiesque, d'où l'appellation de « Babouin ».

Quant à la pierre femelle, beaucoup plus massive et deux

1. Voir Louis Marsille. *Le Menhir et le culte des pierres*, Bulletin de la Société polymathique du Morbihan, 1936.

fois plus haute, elle est à peu près indescriptible. Seule, sans doute, la boursouflure carrée (un ventre gravide ?) qui porte un arc de cercle concave vers le haut (traditionnellement rapporté au « collier » de la déesse-mère méditerranéenne), pourrait indiquer l'aspect sexué du monolithe.

1. Abbé Mahé. *Essai sur les antiquités du Morbihan*, Vannes, 1825.

Le premier à prendre parti fut l'abbé Mahé[1] qui affirmait, vers 1820, que *ces figures ne sont pas d'hier, puisque l'air les a en partie oblitérées*. Cayot-Délandre, en 1847, puis Rosenweig, en 1863, se contentent d'en indiquer la situation. Mais Mortillet, leur « inventeur », a laissé planer un doute quant à leur antiquité. Et Zacharie Le Rouzic, spécialiste du mégalithique morbihanais, n'y croyait pas du tout.

Le commandant Octobon, par contre — qui ne les connaissait que d'après les photos et dessins publiés par Mortillet — les rapproche des statues de La Spezzia, « à cause du nez en U », et des statues-menhirs de Filetto, « par l'ovale qui entoure la tête ». Il rapproche même Babouin des roues solaires et de certaines figurations assimilées à ces roues, éthiopiennes, basques et mexicaines.

Très grossièrement, on peut conclure à une certaine vraisemblance quant à leur réalité morphologique *même si* (et c'est moi qui insiste) ces pierres n'ont été taillées que tardivement. Babouin notamment offre trop de possibilités de rapprochements typologiques avec d'autres aires mégalithiques, d'autres branches de l'évolution mégalithique (le groupe de Corse et le groupe du Soddo éthiopien surtout) pour qu'une simple improbabilité quant à leur ancienneté les fasse écarter d'un contexte de pure morphologie qui demeure l'un des fragments passionnants de l'étude du mégalithisme.

ARRIVÉE A CARNAC

Une heure avant la tombée de la nuit, nous arrivons en vue de Carnac. Comment y arrive-t-on ? Bien sûr, en rêver quand on ne l'a jamais vu, en discourir sans jamais l'avoir étudié, tout cet amalgame d'une fantaisie agréable comme en peut concevoir n'importe quel esprit fertile dans l'art d'évoquer, voilà bien toute une *aura* que la réalité brutale telle qu'elle apparaît à un petit croisement de route en venant d'Auray transforme en l'assassinant quasiment. Se trouver nez à nez avec des pierres ordonnées en files, mais mal équarries, mal orientées, trapues

P. 60 : « Jean Babouin ». Hauteur au-dessus du sol : 1,45 m.
P. 61 : « Jeanne Babouine ». Hauteur totale : 3,25 m.

(les plus hautes et pointues sont à l'autre bout, vers l'ouest), avec des trous de place en place, des manques qui choquent, des pierres qui sont des losanges fichés dans la terre battue, d'autres qui penchent sans art, d'autres encore mangées par les touffes d'ajoncs, voilà bien qui déconcerte. Et par-dessus tout sans doute leur couleur claire. Du décor de carton clair. Rien qui puisse prêter à la moindre mythologie immédiate. Rien qui émeuve un tant soit peu. *Ça n'est pas beau*, et c'est sans doute ce qui irrite quand on est si bien habitué à ne *reconnaître* que l'esthétique des choses, hommes de civilisations bien précises, hommes *civils* que nous sommes devant tout objet. Prodigieuse exaltation aussi qui s'empare de moi à l'idée d'être enfin aux prises avec un matériau fait d'objets indéfinis mais achevés, privés de tout appui esthétique. Assurés ainsi d'en être débarrassés par la vertu des pierres elles-mêmes, nous pouvons *voir* à loisir, de façon toute brute, ce qui s'étend devant nous.

Venant d'Auray par la grande route qui va à Plouharnel, la N. 168, nous avons pris l'embranchement qui va de Ploemel à Carnac, la D. 119, et ce à la hauteur du hameau de Coët-à-Touz ; nous arrivons ainsi rapidement au croisement de la route dite « des alignements ». C'est là exactement qu'apparaissent pour la première fois les pierres plantées des alignements du Ménec. Les pierres *viennent* de la droite, depuis le hameau du Ménec où se trouve le cromlec'h proximal. Là sont les plus grandes pierres, celles qui figurent sur les dépliants et les monographies touristiques. Mais devant nous ne figurent que les pierres « dépareillées » des files terminales. A gauche quelques pierres éparpillées forment la « queue » de l'alignement du Ménec ; elles se perdent vers les bosquets qui les séparent des alignements de Kermario, puis de Kerlescan, enfin, à près de 4 km, des alignements distaux connus sous le nom de Petit Ménec.

En somme nous voilà au défaut de la cuirasse.

C'est pratiquement tout ce que nous verrons aujourd'hui. Une fois arrivés dans Carnac-ville, au détour d'une allée « des Poulpiquets », nous tenons tout de même à grimper très vite au sommet de la colline artificielle du mont Saint-Michel d'où, selon une tradition fortement ancrée chez les amateurs de Carnac, on peut contempler le spectacle des alignements dans toute leur étendue. La nuit tombe, le soleil couchant envoie des reflets violents dans les vitres du *Tumulus-Hôtel*. Il n'y a personne, tout est dans un étrange état d'abandon, aspect normal en cette saison. Le tumulus est recouvert d'une mauvaise végétation, sale, d'où émergent la vieille croix chère à James Miln et la petite chapelle votive, si dérisoire dans un tel lieu.

Rien. On ne voit que la plaine tachée de ses bouquets d'arbres et de ses carrés blancs d'habitations. Mais de menhirs point, il faut bien les deviner si l'on veut les voir d'ici. Quelques pierres, celles justement que nous avions vues tout à l'heure. C'est tout. Du grand Ménec, de Kermario, de Kerlescan : rien.

Nous verrons tout cela dans sa grandeur — mais de près — demain.

La chapelle et la croix du tumulus Saint-Michel de Carnac.

Dossier 1
Menhir et anthropomorphisme

Nous nous bornerons ici à traiter des divers problèmes que pose l'anthropomorphisation des pierres levées, c'est-à-dire la révélation de l'*aspect* humain (visage et lignes corporelles) de la pierre dressée, sans tenir compte des autres directions d'évolution qui seront développées dans un dossier ultérieur.

LE PHALLUS

Il est pratiquement impossible – sauf dans des limites géographiques très précises – de définir le sens de l'évolution morphologique du menhir. Tout au plus pouvons-nous dire qu'un certain nombre d'aspects coexistent virtuellement sur le *visage de la pierre* : le phallus, la figure humaine, le corps humain. On s'aperçoit également assez vite, par simple analogie (ce qui n'est pas forcément un argument scientifique) que les trois aspects en question ne sont qu'un au regard des mythologies primitives.

Le *phallus* pourrait être la première manifestation d'anthropomorphisme développée à partir de l'élément abstrait qu'est la pierre dressée. L'ithyphallisation apparaîtrait vraisemblablement au niveau d'une différenciation cultuelle en rapport avec une fixation agraire au moment où la vocation d'un groupement tribal s'étendrait vers une plus grande manifestation des rites de fertilité. Le menhir, symbole d'érection spirituelle[1], devient alors une réserve potentielle qui *fixe* les forces nourricières/fertilisantes, forces qu'on peut dire errantes, vagabondes dans les aires agricoles. Cette interprétation est en fait une ***extrapolation*** des données archéologiques fournies par les missions qui ont eu le privilège d'étudier des zones mégalithiques, énéolithiques ou même plus récentes, recouvrant des régions dont la vocation agricole fut constante depuis la plus haute Antiquité. On peut donc raisonnablement penser que, partout

1. « Erection. Ne se dit qu'en parlant des monuments. » Flaubert, *Dictionnaire des idées reçues*

Alexander Blair et Francis Ronalds mesurant le menhir de Saint-Cado, objet de superstitions phalliques.

où il y aurait eu corrélation entre l'évolution agricole et l'évolution rituelle, le menhir aurait eu tendance à revêtir l'aspect du phallus. Une bonne illustration de cette théorie peut être trouvée dans les relevés faits en Ethiopie méridionale par le R.P. Azaïs et R. Chambard dans les années trente. L'exploration qu'ils menèrent notamment dans le pays Alata et le Sidamo, en Abyssinie méridionale, où ils dénombrèrent, sur des sites privilégiés, des rassemblements de 1 500 pierres phalliques, montre clairement une vocation tout à fait spécialisée de la pierre dressée. Une ambiguïté cependant demeure qu'il n'est d'ailleurs pas indispensable de trancher : savoir si ces pierres furent taillées en phallus au moment de leur érection ou bien après, au cours d'autres peuplements. Mais le symbolisme demeure.

La généralisation topographique est évidente. Le groupement le plus impressionnant après celui d'Ethiopie se trouve au Mali, à Tondidaro, dans la boucle du Niger, tout près de Niafunké : un véritable semis « en palissades » de phallus de petite taille offre un champ d'investigation passionnant et unique au monde. En effet, les pierres sont décorées doublement : tout d'abord les détails morphologiques sont si nettement marqués qu'on a pu dire que les menhirs-phallus de Tondidaro reproduisaient toutes les variantes anatomiques possibles du membre de l'homme, « y compris certaines anomalies congénitales » ! D'autre part les détails organiques sont comme *soulignés* par des décorations géométriques fort bien mises en évidence : losanges, dessins en chevrons, tracés serpentiformes, etc., tous dessins qui ne sont pas sans rappeler les tatouages des primitifs. Impossible, malheureusement, d'en dire plus sans paraître s'aventurer sur un terrain où la moindre théorie n'est pas le moins du monde étayée par des données statistiques suffisantes. Mais... on pourrait fort bien envisager (disons-le très vite) qu'il y eut un rapport — à un moment donné précis — entre l'expression totémique/clanique des décorations géométriques — scarifications ou dessins à la craie — et l'ornementation des pierres phalliques. On assisterait ainsi à une phase où le menhir devenu symbole de fertilité aurait été porteur *en même temps* d'un vecteur totémique qui reste, bien entendu, à définir. En Europe, la différenciation phallique est moins évidente. Cependant il

n'est pas interdit de penser que les pierres phalliques ont disparu – ou ont été transformées – peu de temps après l'implantation du christianisme dont les chemins de pénétration furent, il faut le dire, les mêmes pratiquement que ceux qu'avaient empruntés les hommes du mégalithique.

On peut effacer une morphologie, mais on ne détruit pas l'expression vivace d'une mythologie populaire. Et vouloir la détruire de front, c'est l'exacerber, c'est la définir comme une résistance. Les menhirs furent plus facilement épargnés que les pierres-phallus certes, mais nombreux sont les menhirs morphologiquement innocents qui survivent dans l'esprit des communautés paysannes avec toutes les idées de fertilité inhérentes aux pierres érigées. C'est le cas notamment du menhir de Kerloas en Plouarzel, le plus grand menhir de France encore debout (il mesure 10,50 m), qui présente sur ses deux flancs deux « bosses » situées à environ 1,20 m du sol. Georges Guénin, à qui nous empruntons ces éléments de description, assure qu'*on y accède facilement en mettant les pieds dans une sorte d'entaille de 0,40 m sur 0,30 m, chacune de ces cavités se trouvant à 0,50 m au-dessous de la bosse*[1].

Le chevalier de Fréminville, qui fut l'un des premiers à décrire les superstitions relatives à cette pierre, précise que *les nouveaux mariés se rendent dévotement au pied de ce menhir et, après s'être en partie dépouillés de leurs vêtements, la femme d'un côté, l'époux de l'autre, se frottent le ventre contre une des bosses. L'homme prétend, par cette cérémonie ridicule, obtenir plutôt des enfants mâles que des filles, et la femme prétend que, par là, elle aura l'avantage d'être la maîtresse absolue du logis et de gouverner entièrement son mari*[2]. Tous les auteurs qui ont parlé du menhir de Kerloas, Souvestre en tête, ne font que répéter, à quelques variantes près, les dires de Fréminville. Cependant Sébillot note un curieux raffinement : selon lui, les époux se rendraient au menhir la deuxième nuit après leurs noces. La femme alors embrasserait la pierre levée d'un côté, l'homme ferait de même de l'autre côté, et *si leurs lèvres se trouvent juste en face les unes des autres*[3], le ménage est assuré de ne procréer que des enfants mâles.

En 1917, on pouvait témoigner, semble-t-il, de la persistance de ces pratiques.

1. Georges Guénin, *Pierres à légendes de la Bretagne*, E. Nourry, 1936.

2. Christophe-Paulin de La Poix, chevalier de Fréminville, *Antiquités de la Bretagne*, 1827-1837. T.I. *Morbihan*

3. Paul Sébillot, *Folk-lore de la France*, t. IV.

◀ *Pierres phalliques d'Ethiopie méridionale, gisement d'Alata. Document publié en 1931.*

Des coutumes semblables signalent la permanence de certains rituels phalliques ou assimilés (le rituel s'étant en quelque sorte *déplacé* d'une pierre *phalloforme* à une autre pierre *sans forme,* déplacement qui trouve sa signification dans les contraintes religieuses exercées à l'encontre des groupements paysans par une Eglise en proie à l'idée fixe du *panthéisme, œuvre du démon).* Voici quelques sites témoins, puisés dans le recensement auquel s'est livré Georges Guénin, et limités aux départements bretons :

— *Menhir de Saint-Génit (sic),* près Cast, Finistère : pratiques phalliques.
— *Fuseau de Sainte-Barbe,* près Ploeven : les jeunes filles à marier jettent des monnaies au sommet du mégalithe.
— *La Jument de pierre,* à Locronan : « pierre à bassin » sur laquelle les femmes stériles viennent s'asseoir.
— *Menhir de Crozon,* près la grotte de Morgat : les jeunes filles à marier enfourchent le menhir renversé (dernier témoignage en 1909).
— *Le mât de pierre de Saint-Enéour,* en Plonéour-Lanvern : le jour du pardon local (2e dimanche de septembre), les jeunes filles dansent la ronde autour du menhir (devant l'église), ce qui leur assure mariage et enfants. Le menhir, très travaillé, est en forme de *tronc de cône assez élancé, surmonté d'une espèce de petite pomme* (G. Guénin).
— *La roche de Lesmon,* près Dinan : rocher informe sur lequel les jeunes filles font des glissades « à cul nu ». On prétend qu'elles devaient uriner dans certaine cavité de la pierre pour s'assurer une fécondité rapide.
— *Menhir de Saint-Samson,* à La Thiemblaye : glissades « à cul nu ». Le menhir est incliné et presque parfaitement cylindrique.
— *Grand menhir de Locmariaquer :* glissades « à cul nu » la nuit du 1er mai, sur les débris du plus grand menhir du monde.
— *Menhir de Saint-Cado,* en Ploemel : les femmes stériles s'y frottaient jadis le ventre. Il est aujourd'hui détruit.
— *Menhir de Kerbennès,* en Ploemeur : il aurait été détruit vers 1830 pour servir à l'empierrage des routes à cause des superstitions phalliques dont il était l'objet.
— *Menhir* dit *le Vaisseau* (alignement du Ménec, à Carnac) : renversé et cassé vers 1815, il aurait donné lieu selon Sébillot à une curieuse danse rituelle à la fin du siècle dernier ; en effet, on pouvait

◀ *Le menhir de Kerloas en Plouarzel, Finistère.*

quelquefois observer que des gens mariés depuis plusieurs années venaient là à la pleine lune. Entièrement nus, ils se mettaient à courir autour du *Vaisseau*, l'homme poursuivant la femme, tandis que les parents faisaient le guet depuis un autre menhir proche surnommé justement *le guetteur*. Enfin la femme finissait par « se rendre » au mari, guérie de sa stérilité.

– *La pierre indécente* de Réguiny (aujourd'hui disparue), décrite par Mahé qui la trouva renflée dans son milieu et prétendit qu'autrefois elle était indécente et que pour cette raison on l'a piquée et adoucie.

– *Menhir* dit *Grugel-enn-Amonnen* (près de Saint-Gildas-de-Rhuys) ; le verbe *amonenna* signifie étendre du beurre sur quelque chose, et l'en frotter : on voit la relation qui existe avec les cultes phalliques d'Extrême-Orient et les traditions primitives qui veulent que les femmes, dans certains villages hindous notamment, s'en aillent oindre rituellement les sexes des statues mâles dans les temples. Signalons également l'appellation traditionnelle de *pierres beurrées* que l'on donne à certains menhirs de la Loire-Atlantique.

– *La pierre-aux-hommes* du Fief-Robert, près Combourtillé : selon Danjou, *les hommes (...) que les femmes maîtrisent et rendent malheureux y vont la nuit payer un certain tribut.*

– *La pierre longue* du Croisic : le jour de l'Assomption, le 15 août, les femmes y dansaient encore au XVIIIe siècle jusqu'à *complète extinction de leurs forces.*

– *La pierre attelée*, commune de Saint-Brévin, était autrefois, chaque printemps, couronnée de fleurs. Ce rituel pouvait encore s'observer dans les dernières années du XIXe siècle.

– Etc., etc.

Bien entendu, la liste pourrait, appliquée à toute la superficie de la France, s'allonger indéfiniment. Nous n'avons voulu reprendre ici que les aspects les plus typiques des survivances d'un culte phallique en Bretagne. Et ceci pour illustrer une dérivation spécifique du menhir, sans vouloir, bien sûr, étendre ce *dérapage morphologique* à tous les problèmes concernant le déterminisme du menhir.

Et puis certaines incertitudes demeurent : ainsi de la question de savoir à quoi peut bien se rapporter cette « bosse » des menhirs phalliques. Faudrait-il n'y voir

Le Fuseau de Goulien en Beuzec-Cap-Sizun, Finistère.

Lec'hs (phalliques ?) dans la cour de la Société polymathique du Morbihan, à Vannes.

qu'un avatar des protubérances génitales (bourses, ou bosses « femelles » : ventre gravide, seins, clitoris) ? une morphologie sexuée secondaire — moins dangereuse — s'étant peu à peu substituée au phallus érigé ? Ou bien s'agirait-il plus symboliquement d'un rappel des phénomènes de turgescence (manifestation essentielle de vie) en rapport direct avec un culte du soleil, si, comme le laisseraient penser les menhirs-phallus de Tondidaro, au Mali, les bosses *cerclées* et décorées — souvent orientées vers le soleil naissant en Afrique — ***représentent*** bien le soleil ? Mais on peut aussi, naturellement, en douter. On pourrait tout autant considérer que les bosses de Tondidaro, comme celles qui furent relevées par le R.P. Azaïs en Ethiopie, sont en rapport avec certains rituels initiatiques d'ordre clitoridien tels qu'on en observait encore, il n'y a pas longtemps, en

Afrique noire. Mais évidemment la relation entre ces rituels et les menhirs néolithiques est impossible à démontrer. Il reste cependant qu'on n'a certainement pas fait suffisamment attention au fait que les phallus mâles ont peut-être reste, pas très net). Puisque aussi certains menhirs se seraient chargés plus particulièrement de pouvoirs mâles, à un moment donné de leur anthropomorphisation, on pourrait raisonnablement supposer que d'autres pierres auraient

Lec'h, chapelle des Sept-Saints en Erdeven, Morbihan.

eu des homologues femelles, puisque certains savants d'aujourd'hui en viennent à admettre que le menhir symbolisait le double aspect de la sexualité : il aurait été ***mâle par son érection dans le ciel*** (avec un rapport aux mythes du feu/foudre/pierres de foudre), et ***femelle par son enfoncement dans la terre*** (avec un rapport à l'eau qui n'est, du reçu une plus forte concentration de charges femelles. Certains anthropologues admettent d'ailleurs que les quelques menhirs à cannelures verticales — par opposition au sillon balanoprépucial du phallus mâle — seraient des ***phallus femelles :*** ainsi du ***fuseau de Goulien*** à Beuzec.

Et que dire des lec'hs phalliques (ceux qui se trouvent

Statue-menhir au poignard. Hauteur : 2,96 m. Filitosa, Corse.

déposés dans la cour du Musée de la Société polymathique du Morbihan, à Vannes, sont très remarquables), que dire des amulettes dites phalliques de Kerzerho, ou de celles qui étaient déposées aux pieds de certains menhirs du cromlec'h d'Er-Lannic ? Leur authenticité en tant que pierres phalliques n'est pas toujours démontrée mais on les considérerait alors comme des symboles de la *votivité* des menhirs.

Tout cela reste éminemment ambigu quant à l'interprétation d'abord, et ensuite quant à ce qu'on peut dire avec certitude sur la ligne directrice de l'évolution du menhir.

La sagesse commande alors, peut-être, de considérer que la phallisation n'est qu'un moment parmi toutes les phases d'évolution de la pierre dressée primitive, qu'elle n'est qu'un aspect de l'anthropomorphisation rituelle des forces élémentaires naturelles (soleil, foudre, fécondité, etc.).

LA FIGURE HUMAINE

Le menhir semble n'avoir revêtu que très rarement l'aspect d'une pierre dressée à tête d'homme. C'est, pourrait-on dire, un stade schématique, une approximation avant la taille directe et totale du menhir en idole (voir tableau ci-dessous).

LE CORPS HUMAIN

Une autre évolution possible — mêlée étroitement à la première — voit le passage pratiquement direct du menhir primitif à la stèle, votive ou funéraire. C'est-à-dire que nous passons du ***signal abstrait*** (vraisemblablement) à

ÉVOLUTION DU MENHIR
DANS SA DESTINÉE ANTHROPOMORPHE[1]

menhir	→ menhir à tête	→ stèles aux dieux des limites	→ buste
(signal symbole)	→ signal votif, mémorial	→ ex. : Dieux Terme et Priape rapport social : limite/fécondité	→
type sociétés pastorales armoricaines	type → société torréenne (Corse)	type → société grecque et société romaine	→ société contemporaine

1. Nous prendrons en considération les autres transformations du menhir dans un dossier ultérieur.

Stèles gravées provenant du gisement de Silté, dans le Guraghé, Éthiopie. Document publié en 1931.

une ***manifestation de conservation.*** Alors que le menhir est tourné vers une focalisation des forces naturelles élémentaires, la stèle représente la fixation du souvenir (homme ou événement) le plus souvent, avec un stade intermédiaire où la stèle anthropomorphe serait quelque divinité tutélaire (?) ou locale. Il n'y a alors plus de raison de conserver à l'idole une forme abstraite : elle devient homme ou femme, non plus dans sa manifestation sexuelle mais dans sa qualité.

La divinité protectrice est femme, directement issue de la déesse-mère méditerranéenne. La stèle est mâle ou femelle, suivant la destination du monument. Et les attributs de cette destination deviennent précis : collier et seins de la femme ou de la déesse qui féconde ; épée ou poignard, casque, corselet de cuir (?) pour le guerrier ; baudrier (ou, selon Varagnac, briquet primitif porté en sautoir)

Stèle anthropomorphe d'Orgon, Vaucluse.

Statue-menhir de Saint-Sernin, Aveyron. Hauteur : 1,20 m.

pour l'homme pastoral ; objets de première nécessité souvent, dont on observe un certain foisonnement même, par exemple dans ces stèles extraordinaires du gisement de Silté, dans le Guraghé (Ethiopie), décrites par le R. P. Azaïs.

La stèle n'est d'ailleurs pas, contrairement à la pierre à tête d'homme, un phénomène isolé — ou limité à certaines civilisations. Elle est répandue pratiquement dans tout le bassin méditerranéen, sur tous les trajets empruntés par les diverses mythologies attachées au culte d'une *Bona Dea,* la déesse-mère d'origine sans doute égéenne. Citons, pour la France, les deux groupes importants, celui de l'Aveyron (statue-menhir de Saint-Sernin dont on peut voir justement un moulage au musée Miln-Le Rouzic, à Carnac) et celui du Vaucluse, stèles d'Orgon, célèbres par la stylisation du visage et les dessins géométriques.

Signalons, pour mémoire, qu'il existe une phase intermédiaire, c'est-à-dire une statue-menhir à tête humaine, au corps indifférencié sinon que le fût qui le constitue est littéralement *scarifié.* Le « corps » n'est figuré que par les dessins qu'il portait « de son vivant » (les spécialistes pensent généralement qu'il s'agit des dessins du vêtement rituel du mort). Mais on peut avancer aussi bien qu'il s'agit de tatouages (ou scarifications, ou dessins rituels à la craie) *reportés* sur le menhir comme étant *l'aspect vrai* (c'est-à-dire totémique) du mort.

Ainsi de la statue-menhir à bec de chouette (4 spécimens sont décrits par le R.P. Azaïs) de Buqqisa, dans le Sidamo éthiopien.

Nous n'avons pas retenu ici les classifications, en cette matière, qu'avait données le commandant Octobon en 1931. Son ouvrage capital, *Statues-menhirs, stèles gravées, dalles sculptées*[1], n'en demeure pas moins le plus remarquable dossier existant sur le sujet. Mais l'esprit de synthèse y fait par trop défaut.

Retenons, malgré tout, qu'il signale des *menhirs à épaulements* qui, dressés deux à deux, *auraient* formé un schéma d'idole représentée ainsi uniquement par la ligne des épaules et les deux côtés du torse.

Nous verrons que ce schéma flexueux flanc gauche/épaule gauche/collier/épaule droite/flanc droit représente le tracé idéalisé qui se retrouve dans presque toutes les figurations du

1. *Revue anthropologique.* Tome XLI, oct.-déc. 1931.

L'une des quatre statues-menhirs à bec de chouette de Buqqisa, Ethiopie. ▶

visage de la déesse-mère, depuis les *yeux de chouette* des gravures dolméniques dans le Morbihan jusqu'aux vases d'Hissarlik, en passant par les idoles sculptées dans les parois de craie des grottes de la vallée du Petit Morin.

Site de Filitosa, Corse : la statue Filitosa IX, partie du monument central. (Photo Denis Roche).

Deuxième journée

l'Ordre Mégalithique

« Le dolmen n'est plus qu'un clou
servant à suspendre un cadre
de fantaisie. »

De Closmadeuc

« On sait que les premiers peuples
amoncelaient des pierres. »
Vice-amiral Thévenard,
Mémoires relatifs à la marine, an VIII.

LES DÉBUTS DU GRAND SERPENT

Premier matin carnacéen, sous le signe de la mort, principal dénominateur de nos investigations, dans le vent assez froid qui tourbillonne sur le flanc sud du tumulus Saint-Michel : premier contact avec le sépulcre, avec le tombeau collectif démesuré. C'est bien sûr ici ce qui me frappe : que, dans le mégalithisme, le tumulus revête cet aspect déconcertant et sans emploi de l'*entassement.* Le tumulus Saint-Michel mesure 125 m de longueur, 60 de largeur et il s'élève de plus de 10 m au-dessus du niveau naturel du sol. On peut supposer que le temps, les intempéries, le besoin de pierraille chez les cultivateurs de Carnac, l'ont altéré et qu'à l'origine il était beaucoup plus volumineux. Sa massivité l'a fait craindre dans le passé si l'on en juge par la croix et la *petite chapelle sans caractère* (ce sont les termes de Le Rouzic) que l'on éprouva jadis le besoin d'y planter. On sait que saint Michel avait la réputation de détruire les serpents de toutes espèces et qu'il ne dédaignait pas d'affronter des dragons ou des basilics comme on disait. Ce sacré serpent (car c'était toujours le même, bien entendu), symbole ou non qu'il était du paganisme, représentait sans doute plus authentiquement les forces mauvaises et mortelles, c'est-à-dire l'enfer (le lieu, la souffrance que les damnés y enduraient, ceux qui y menaient, et les endroits de la terre des vivants où l'effroi de l'enfer était le plus sensible). Le serpent, tout naturellement qualifié de *psychopompe,* devenu ainsi le symbole des lieux de mort, gardait les charniers et menait en même temps à la mort comme aux enfers... Mais j'anticipe : revenons à l'entrée du monument de pierrailles où nous sommes seuls, J.-R.M. et moi, à accompagner le guide dans le tunnel d'accès artificiel qui « serpente » dans le sein du galgal. Le texte de la visite, laborieusement enregistré au magnétophone, accentue l'irréalité qu'il y a à voir ici des tombeaux *adéquats :*

« Voici la tombe d'un grand chef dont les ossements ont été incinérés avec toute sa famille, c'est une tombe qui date de mille cinq cents ans avant l'ère chrétienne, c'est une tombe celte... Le couloir a cent vingt-cinq mètres de long, les murs ont été construits en 1898, mais les pierres du dessus sont d'origine... Voici un dolmen, ici on a découvert une hache en silex et des bijoux en bronze qui sont au musée à Carnac, le dolmen, c'est la pierre du fond, au-dessus... Attention à la tête... Attention les planches, parce qu'il y a eu de l'eau... Voici une urne funéraire, là on a découvert un squelette calciné qui est au musée à Carnac... Voici deux tombeaux, ici on a découvert deux squelettes recroquevillés, on les a enterrés dans la position qu'ils naissaient, c'est l'homme et la femme qui sont au musée à Carnac... Voici un tombeau, ici on a découvert des ossements de bœuf, c'est un bœuf sacré à l'époque qui était enterré parmi les gens... Attention la tête, attention la marche, ça descend et ça glisse... Voici le tombeau tel qu'il se présente, une pierre l'une sur l'autre et ça forme caveau, on a trouvé des cendres qui sont au musée à Carnac... Voici un dolmen, ici on a découvert des bijoux en bronze, des flèches en silex, des perles de callaïs et des poteries qui sont au musée à Carnac, il y a quatre piliers qui ne sont pas de l'époque, ils ont été mis en 1904 parce que la salle est fendue... Voici une urne funéraire à trois étages, on a trouvé des cendres qui sont au musée à Carnac... Un étage, deux et trois... Attention les planches... Voici un tombeau qui n'a pas été ouvert, les ossements sont à l'intérieur... Voici une urne funéraire dont les cendres sont au musée à Carnac... Voici un tombeau dont le squelette était recroquevillé en position de fœtus, les ossements sont au musée à Carnac, c'est un adolescent qui était là, et l'archéologue disait que toutes les têtes portaient vers l'est... Voici un tombeau qui n'a pas été ouvert, les ossements sont à l'intérieur, il y a deux pierres qui sont portées vers l'est, celle-ci et celle-là, c'est bien rare s'il n'y a pas deux squelettes de l'autre côté... Voici la coupe du tumulus, la montagne est faite de pierres, de terre, c'est une montagne artificielle, bâtie à main d'homme, c'est tout tombeau la montagne, il a fallu plus de quarante-cinq mille tonnes de pierres et de terre pour faire la butte... Voici un dolmen, ici on a découvert des bijoux en

Intérieur du tumulus Saint-Michel.

bronze, des flèches en silex qui sont au musée à Carnac, c'est le plus beau dolmen du tumulus, c'est le premier découvert et le plus facile à visiter, vous pouvez rentrer... » (la visite s'achève).

LE TUMULUS SAINT-MICHEL

Il faut faire un effort pour comprendre, tandis que nous errons dans ce dédale, que nous nous trouvons dans un tumulus sans entrée, un *monceau.* Rien n'y est ordonné sinon dans le fait que l'on peut dire aujourd'hui qu'il fut élevé sur ***la tombe d'un grand personnage de l'époque et qu'à côté de lui, pour l'accompagner, l'on a disposé d'autres morts de bien moindre importance et même des animaux dans de simples coffres formés de petites pierres plates***[1].

1. Zacharie Le Rouzic, *Carnac, fouilles faites dans la région tumulus du mont Saint-Michel*, Vannes, 1932.

Ce n'est qu'en 1862 que les premières fouilles, menées par René Galles, qui était sous-intendant militaire à Vannes, et le préfet du Morbihan, Lefebvre, permirent de découvrir, dans la partie centrale du tumulus, une crypte fermée de deux dalles dont l'une portait des cupules. On trouva là-dedans des cendres et des ossements incinérés, plus un certain nombre de grains de callaïs, de pendeloques, et surtout 39 haches polies en jadéïte et en fibrolite, placées *le tranchant vers le haut*, et dont certaines paraissaient avoir été brisées intentionnellement (apparition d'un double rituel apotropaïque). Il fallut attendre 1900 pour que Zacharie Le Rouzic obtienne l'autorisation de reprendre les fouilles, assisté de Keller et de D'Ault du Mesnil, et découvre successivement une chambre dolménique à l'est, cinq coffres recouverts de pierres plates, et, répartis autour du grand dolmen primitif, quatorze autres coffres dont certains contenaient des os de ruminants. Le Rouzic en fit un très long compte rendu, modèle d'humilité face aux tracasseries administratives. J'en extrais deux considérations essentielles : d'abord que *la disposition de la base du galgal intérieur semblait indiquer que ce galgal formait une cité souterraine, sans doute pour les mânes des morts qui s'y trouvaient et dont la couche de vase formait la toiture et en même temps devait empêcher ces mânes de venir troubler le repos des vivants ;* et ensuite que *l'agglomération de pierres et de vase a été accumulée pour empêcher la violation des sépultures sans doute, mais aussi pour recouvrir tout le terrain où s'est passée la cérémonie des funérailles, incinération du chef, inhumation des serviteurs et des animaux, et le repas funèbre.*

Je ne pense pas qu'on ait souligné comme il convenait, c'est-à-dire de façon à en développer d'autres conclusions, cette notion d'entassement de pierrailles et de vase destiné à empêcher la fuite des âmes dans les campagnes : cette idée de fuite et d'errance néfastes pourrait être l'une des idées maîtresses de la recherche typologique aussi bien dans le cas des tumulus que dans celui des dolmens (où le caractère funéraire des monuments est depuis longtemps admis), ou des menhirs (fixateurs d'esprits héroïques).

Le mont Saint-Michel en Carnac, malgré les dégradations, malgré la tenacité des hommes à le détruire, à le battre en brèche, garde son allure : il est posé sur le sol comme un grand poids, il écrase encore ses propres tombes, ses morts décharnés et ses os de bœufs, contre la face de la terre. Et c'est à cette face-là comme à la nôtre qu'il en impose tant.

Il y a bien des façons de *voir* les alignements de Carnac pour la première fois, la plus inusitée consistant à vouloir à tout prix les contempler depuis le sommet du mont Saint-Michel, les auteurs étant persuadés de pouvoir détailler les alignements du Ménec (les plus importants), puis, vers la droite, ceux de Kermario et, enfin, de Kerlescan. Alors, si l'auteur est, de plus, amiral, voici ce que cela donne : *« De ce point culminant, la vue s'étend sur un paysage sans relief et, par lui-même, assez dépourvu de caractère vers la mer, côte basse, pas d'arbres, des maisons blanches isolées, jetées au hasard comme des dés sur un tapis vert. La grande sournoise apporte là seule son ampleur... Si l'on tourne le dos à la haie, le tableau offre peu d'attraits, il est vulgaire ; champs verts séparés par des murtins en pierres sèches — bouquets de pins — çà et là les larges taches d'or des ajoncs en fleurs. Mais sur ce fond insignifiant, pourvu que le soleil soit vif, se détachent avec vigueur les monolithes des alignements de Carnac, qui donnent l'idée d'une procession de géants en pèlerinage se rendant à Locmariaquer pour y saluer leur souverain.*

« Si l'on veut, on y voit encore une armée en marche, mais des trois corps qui la composent, deux seuls sont visibles du mont Saint-Michel : l'avant-garde, Kerlescan, a déjà franchi un bouquet de bois qui la dérobe au regard. Le corps d'armée, Kermario, se compose des troupes les plus solides — les pierres levées prennent là des tons rougeâtres aux rayons du soleil. A l'ouest s'étend l'arrière-garde du Ménec.

« [...] *Quand, de la ferme du Ménec, on contemple ces longues files, elles se perdent au loin, par un effet de perspective, dans une foule pétrifiée. Ces alignements se déploient sur un tapis de gazon serré, mais si court que les moutons ont peine à le brouter. Ce moelleux tapis, digne d'une mosquée, se prêtait merveilleusement à la marche lente et solennelle des longues théories de bardes, de prêtres et de guerriers. Par un effort d'imagination*[1], *on voit cheminer le corps sacerdotal, vêtu de lin, couronné de chêne, portant à la main le gui sacré. Devant eux, les bardes ouvrent la marche avec des harpes dont les cordes aboutissent à des caisses en bois creusé recouvert de peaux tendues. Derrière eux, des guerriers, aux cheveux ramassés au sommet de la tête, aux corps peints et vêtus de peaux de fauves, brandissent de*

1. Faut-il faire ici quelque remarque où l'ironie manifesterait jusqu'où va notre emportement ? Tant nous essayons à la fois de lire ces lectures comme de déchiffrer l'objet même de leur narration. Enfin, que de mésaventures dans ces *perspectives !*

lourdes sagaies, portant au côté la hache de pierre et le poignard en silex. Les chants sacrés montent vers le ciel, mais nul ne traduira[1]***...*** »

Etc., etc., bien entendu. Cet admirable amiral, dont par ailleurs l'œuvre d'archéologue ne fut pas complètement négligeable — il fut l'auteur d'un ouvrage intitulé ***Un coup de sonde dans l'océan des mystères*** — tenta jusque devant ces pierres interminables d'***Honorer Dieu, d'aimer l'humanité et d'agir en brave*** (épigraphe du livre). Son seul intérêt ici est d'introduire, avant notre propre entrée dans les allées du Ménec, une ***dynamique*** de l'alignement, celui-ci étant montré comme « corps en mouvement » (les corps d'armée), comme « personnes vivantes » (les soldats) et comme « allées de cheminement » (celles où processionnent nos ancêtres les Gaulois). C'est un élément à retenir, archétype dispersé du mouvement profanateur puni, activité chère à toute implantation culturelle nouvelle, manière comme une autre d'utiliser à ses propres fins la dynamique des religions investies et défigurées. Gardons dans notre esprit, tout au long de ces lectures, cette dynamique symbolique, superposée, dans toute description, à l'étonnement que l'on ressent devant toutes ces « immobilités de pierre ».

1. Amiral Reveillère, ***Mégalithisme***, Berger-Levrault, 1900.

DESCRIPTION DU MÉNEC

La petite route dite « des alignements » mène tout contre le flanc — presque au niveau de ce qu'il est convenu d'appeler la tête — des alignements du Ménec : lande à peine arrondie comme un dos bombé qui porterait des échines, onze rangées de 1 099 menhirs qui se dirigent à l'Est-Nord-Est, « au 10e degré de la boussole », files longues de 1 167 mètres sur une largeur moyenne de 100 mètres.

L'ensemble comporte un cromlec'h proximal, la ***tête*** des alignements, étant entendu que la hauteur des pierres de l'alignement diminue au fur et à mesure qu'on s'éloigne du cromlec'h et que le cromlec'h se trouve toujours (dans tous les cas d'alignement connus) du côté où les pierres sont les plus élevées[2].

D'où l'on peut dégager tout de suite — outre les orientations astronomiques — deux éléments très importants : l'existence de ce cromlec'h, dont la signification est impossible à délimiter, et

2. Mais il est possible qu'un cromlech ***distal*** ait existé, du côté des pierres les moins élevées.

Pages précédentes : Carnac, alignements du Ménec.

Haut : Tête des alignements du Ménec.
Bas : Le cromlec'h du Ménec (vue partielle).

Le cromlec'h d'Avebury, dans son « habitat » ancien (vue partielle), gravure d'après un dessin de Stukeley daté du 10 juillet 1723.

le fait que les pierres sont de hauteur décroissante. Certains auteurs ont fait observer que lorsqu'on est placé à la tête et qu'on regarde s'étendre devant soi les alignements, leur décroissance vers l'horizon crée un phénomène curieux d'optique comme si les pierres éloignaient l'horizon *en allant vers lui.* Mais quel sens pourrait-on donner à un tel phénomène ?

Autre facteur d'étonnement, le fait que les pierres sont en général plantées en terre par leur bout le plus pointu, formant ainsi ces « massues » caractéristiques.

LE CROMLEC'H DU MÉNEC

Nous voici au milieu de cet endroit où l'herbe est râpée, devant les grandes pierres qui tiennent encore au groupe de maisons claires qui ont investi le cromlec'h. Celui-ci, placé de côté par rapport au grand axe des alignements, compte 70 grandes pierres, tantôt étayant des murs de maisons, des ronciers, tantôt parties intégrantes des clôtures modernes. Un

Le cromlec'h du Ménec, dans son « habitat » moderne (vue partielle).

tournant de route, goudronnée jusque-là, franchit même le cromlec'h, dont deux grandes pierres lui font comme un portail. Les grandes pierres ont quelquefois de ces bienveillances...

D'ici — un banc muni d'une corbeille à papier — on distingue le tumulus Saint-Michel vers la droite, et le menhir isolé de Crifol à gauche (plein Nord), qui fait une tache blanche au milieu d'un champ, cap présumé d'une direction d'alignements détruits qui devaient s'allonger depuis le grand alignement jusqu'aux bois de pins (leur emplacement) qui couronnent les collines vers le Nord.

Temps étincelant — celui qu'il faut à ces pierres —, les nuages ne cessent de changer de forme : il fait un grand vent qui rend délicieux l'agrément de prendre des notes. Rien de grandiose, rien d'obscurément insoutenable : rien ici n'évoque Stonehenge, la majesté de ses trilithes en dolérite bleutée, ni le gigantisme des cercles d'Avebury, dans le Wiltshire. Et pourtant c'est ici le lieu de parler de ces sanctuaires inexpliqués, les plus grands cromlec'hs du monde.

Les cercles de pierres ne sont pas rares, cercles ou carrés quadrilatères (les *témènes* du Morbihan sont célèbres), quelquefois simplement ***pourtours*** de pierres dressées (qualifiés de ***péristalithes***), enceintes entourant des lieux sacrés (lesquels ?), ou peut-être enceintes ***qui étaient*** elles-mêmes sacrées... Le mystère de leur fonction est absolument entier, d'autant que les ***cromlec'hs*** (***stone circles***, pour les Anglo-Saxons) sont le plus

Vue intérieure de Stonehenge, gravure d'après un dessin de Stukeley (1740).

souvent associés à des alignements ***(stones avenues)***, ou encore à des allées (?) comme cela semble avoir été le cas à Avebury. La dispersion est vaste (Syrie-Palestine, Afrique du Nord, Corse et Sardaigne, Espagne-Portugal et toutes les îles Britanniques) sans que cela empêche de distinguer, ***fonctionnellement*** autant que formellement, deux sortes de cromlec'hs : celui qui sert en quelque sorte de palissade topographique, de délimitation ; et puis celui, plus vaste, plus frappant, qui trace un ***lieu d'élection sacré***, enceinte où l'on se tient dans des circonstances sacrées (mais qui, pourquoi, et dans quel déroulement processionnel ?), endroit d'où l'on part, d'où l'on arpente, d'où l'on fixe quelque chose. Qu'inventer quand certains ont prétendu que les cromlec'hs des alignements de Carnac étaient les testicules géants des phallus symboliques (les lignes d'alignements) délimitant des charniers (en l'occurrence les tombes des Vénètes tués durant la guerre de Troie ![1]) ; quand on sait que le quadrilatère de Crucuno est en relation avec des données astronomiques d'une précision plus qu'exceptionnelle et qu'il

1. Cf. H. Hirmenech, *Les Vénètes, la guerre de Troie et les alignements de Carnac*, E. Leroux, 1906.

est impossible à l'heure actuelle de trouver à cela une explication plausible ; quand on sait que le monument d'Avebury (mentionné dans une charte du roi Athelstan datée de 939) ***a une superficie qui est au moins cinq fois celle de Saint-Pierre de Rome,*** (que) 250 000 ***personnes pourraient s'y asseoir et un demi-million s'y tenir debout***[1]... La déraison est le lieu naturel où se rencontrent nos esprits, dans un grand souci de tentation, partout où se dressent de si puissantes constructions, des symboles dont la rigueur, dont l'évidence, ont dû être tels qu'aucune religion, qu'aucun rationalisme, n'ont pu se défendre de l'emprise des ***mégalitheurs*** et de leur foi.

Les grands cromlec'hs, surtout ceux d'Angleterre, ont de tout temps provoqué l'étonnement. Ces sortes-là d'arrangements de pierres ont été les premières à provoquer les remarques des hommes. Plus que Carnac, Stonehenge a donné lieu à une littérature innombrable : on écrivit des livres entiers sur Stonehenge un siècle avant la parution de la première étude sur Carnac. (Et comment se fait-il que les Encyclopédistes aient ignoré les mégalithes, eux dont le moindre des amis était minéralogiste ?) Le XVIIIe siècle anglais fera paraître notamment l'énorme dossier qu'Inigo Jones, l'architecte préféré du roi Jacques Ier d'Angleterre, surnommé aussi le « Palladio anglais », avait écrit sur Stonehenge. Les gravures admirables, les planches montrant le monument « restauré », l'intérêt même du texte, hélas ne peuvent faire oublier la naïve conclusion présentant Stonehenge comme ***un monument de tradition romaine***[2]... Ces écrits, du milieu du XVIIe siècle, inauguraient ainsi en Angleterre l'ère officielle des interprétations du mégalithisme. Jusqu'alors en effet seuls quelques autodidactes, philosophes et antiquaires par goût des collections, avaient émis quelques hypothèses sur les ***chorea gigantum*** (danses de géants,

1. James Fergusson, ***Les monuments mégalithiques de tous les pays,*** traduit par l'abbé Hamard, 1878.

2. Inigo Jones, ***The Most Notable Antiquity of Great Britain, vulgarly called Stone-Heng,*** Londres, 1655.

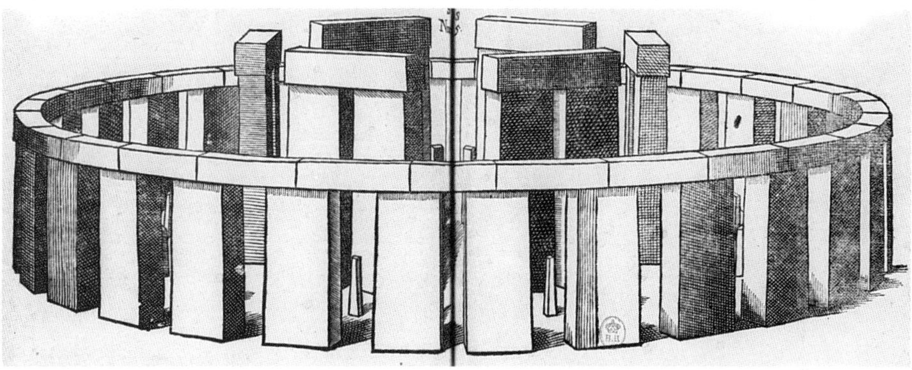

Stonehenge restauré, gravure d'Inigo Jones (1655).

1. Olaüs Magnus, *Historia de gentibus septentrionalibus*, Rome, 1555.

selon l'expression d'Olaüs Magnus, l'archevêque d'Upsal[1]), ou sur les ***portenta diabolica*** (selon saint Gildas) ; et il devint vite évident que tout homme de science d'avant-garde se devait de pratiquer assidûment la compagnie des pierres fiches. Bien vite — on le verra plus loin — cette recherche ne fera qu'une avec celles que poursuivaient les premiers préhistoriens en quête de l'homme fossile, de cet homme imprévu qui laissait curieusement derrière lui des pointes de flèches antédiluviennes et même de splendides haches en fibrolite que le commun des mortels qualifiait encore de ***pierres de foudre...***

Mais à chacun ses pierres, celles de Bretagne n'ayant rien d'une exception comme Stonehenge ou Avebury, et rassemblant, au contraire, comme une octave complète d'archétypes de granit qui s'étend ainsi, dans ce lieu devenue superbe, sur plusieurs centaines de mètres.

SAINT CORNÉLY PÉTRIFIE LES SOLDATS DE ROME

Les alignements du Ménec sont les plus importants d'une série qui comprend, rappelons-le, quatre parties quand on parle des ***alignements de Carnac :*** ceux du Ménec (le ***Ménec-Vras***), qui sont les plus à l'ouest ; ensuite ceux de Kermario, qui surplombent une butte couronnée par un moulin en ruine ; ceux de Kerlescan ; enfin, le Petit-Ménec (le ***Ménec-Vihan***) dont il ne reste que quelques pierres clairsemées à l'extrémité orientale de la série. A ceux-là, à ces alignements dits de Carnac, il faut ajouter encore les alignements d'Erdeven (dits aussi de Kerzerho) et ceux de Sainte-Barbe (quelques pierres sont encore debout), plus les cinq ou six menhirs de l'alignement du Vieux-Moulin, près de la gare de Plouharnel.

Un détail à ajouter à nos fiches : si l'on considère que les quatre alignements dits de Carnac ***devaient*** former autrefois un seul et même alignement, il faudrait alors croire qu'il aurait été constitué de plus de 9 000 menhirs dressés ! Curieusement cet immense « carneillou » (comme disait le chevalier de Fréminville) a été protégé par la circonspection des chrétiens : le légendaire catholique n'ayant pu venir à bout par son seul prestige de ces immenses allées de cailloux (je suppose qu'ils en avaient tout de même, malgré tout, démoli un bon nombre), il fut décidé, dans quelque haute sphère du Sacré Collège, que ledit légendaire se superposerait aux épouvantables croyances des païens. Le résultat, tout à fait ébouriffant, nous pouvons

Carnac, fronton de l'église : saint Cornély et ses bœufs. ▶

1639

l'emprunter au brave chanoine Mahé qui en fait une narration pleine de mésaventures : *« Saint Corneille ou saint Cornély, comme disent les habitants du lieu, pape et martyr, se promenait un jour, par je ne sais quel hasard, sur les côtes de Bretagne ; il se trouvait alors dans les environs d'Auray et errait sur la lande, coiffé de la tiare à triple couronne, muni de la croix pastorale, revêtu d'une belle aube brodée et d'une grande chape, toute constellée de pierres précieuses, tel enfin que le représentent toutes les complaintes anciennes et modernes. Il fut aperçu, tout à coup, par les soldats païens de César. Les farouches légionnaires, armés de la* lorica, *du* pilum, *coiffés du casque à aigrette rouge, se mirent aussitôt à la poursuite du saint homme, en brandissant leurs glaives, en agitant leurs aigles d'or, leurs louves de bronze et leurs manipules. " A mort, à mort, le chrétien ! " criaient-ils, et toute l'armée se mit en marche, suivie des machines de guerre, balistes, catapultes, onagres, béliers, etc. Le saint, qui courait devant ses ennemis, arriva bientôt à la mer ; mais là pas la moindre barque, pas la moindre galère, pas la moindre* liburne ; *comment faire ? Alors, comme un simple trésorier de la Sainte-Chapelle de Paris, "* Il tira du manteau sa dextre vengeresse *" et, bénissant ses persécuteurs, du coup les pétrifia. Et voilà pourquoi il y a, dans les champs de Carnac, des dolmens qui sont les machines de guerre, des alignements qui sont l'armée de César, et des pierres isolées qui sont les chefs de cette armée, à leur rang de bataille. »* Ajoutons à cela que c'est vers 1639 que les frères Le Gril eurent l'idée de dédier l'édifice religieux qu'ils entreprenaient de construire à Carnac à ce saint Corneille qui semble n'avoir jamais eu la moindre *assise* historique.

L'église construite (à grands renforts de menhirs des champs voisins), la statue du saint fut fixée au-dessus du porche d'entrée, flanquée de deux jolis bœufs ! Et c'est à cela que nous devons nous arrêter quelques instants, bien plus qu'à cette *satanée* pétrification. En effet, il semble maintenant admis que les mégalitheurs armoricains avaient édifié leur société autour de cultes agraires. Il s'agissait vraisemblablement de petits groupes pastoraux qui s'étaient fixés les uns aux autres par des intérêts économiques communs. Les cultes se perpétuèrent donc autour de symboles primaires où la force fécondante abstraite s'isolait en quelque sorte sur les principaux symboles terrestres de fertilité : le bœuf qui permettait la survie des

Haut : Portail de l'église de Malestroit (Morbihan) : le bœuf à grandes cornes de saint Cornély, sculpture rapportée, d'origine inconnue.

Bas : Chapelle Saint-Nicodème à Saint-Nicolas-des-Eaux en Pluméliau, Morbihan : les bœufs de saint Cornély sur une étagère dans le chœur.

communautés et peut-être la culture de la terre, et la femme grosse qui fournissait de guerriers et de laboureurs nouveaux les différents clans. La femme enceinte et le bœuf, objets votifs par excellence, devinrent des objets sacrés. Les fouilles pratiquées par James Miln en 1877, dans le quartier de Bosseno, au N.-E. du mont Saint-Michel, révélèrent l'existence d'amulettes féminines et d'un superbe sanglier (de bronze je crois) tandis qu'un peu partout, dans des fouilles pratiquées au pied des menhirs, Miln retrouvait, mêlés aux cendres des foyers rituels, des débris de cornes de bœuf.

Un peu partout aujourd'hui, le culte du bœuf se retrouve comme une trace de cette antiquité émouvante : à Malestroit, sur la façade sud de l'église, un énorme bœuf de pierre posé sur un rebord ; à Saint-Nicolas-des-Eaux, un peu plus au Nord, dans le chœur de la chapelle Saint-Nicodème, sur une petite tablette de bois se trouvent deux bœufs en bois particulièrement vénérés les jours de pardon ; à Carnac, où les bœufs processionnent, enguirlandés, les jours de fête tandis que le reliquaire du saint patron, leur ami, est promené dans les rues du village. Enfin retenons que selon une autre version de la légende de saint Cornély et de ses *soudarded* (ses soldats pétrifiés), le saint se serait caché à l'intérieur de l'oreille d'un bœuf, et qu'une fois sauvé de l'acharnement des Romains, il aurait institué le culte du bœuf pour remercier celui-ci de son aide contre l'envahisseur païen...

Aujourd'hui les malheureux soldats roupillent au milieu des ajoncs, loin de cette fantasmagorie, de cette manie de la votivité, de ces dieux cornus. Des égarés (déserteurs, selon la croyance locale) se sont trouvés plantés de même, par la sainte volonté de Corneille : ainsi de Crifol, menhir sévère[1], taché en forme de croix par des lichens jaunes, et qui se dresse au nord du Ménec, sur un champ vert tendre de jeune blé, et qu'il nous fut aisé de rejoindre par le chemin qui passe devant le géant de Kerderff (5,35 m de haut). Du site de Crifol (il s'agirait d'un jeune homme qui aimait trop les filles et dépensait, de ce fait, sans compter — on dit aujourd'hui d'un garçon dans cet état qu'il est *un peu crifol...*), on distingue, vers les alignements, qui filent de la droite vers la gauche, sous un soleil magnifique qui leur donne comme une possibilité de s'élancer dans toutes ces couleurs, quelques menhirs couchés dans les champs, derrière les clôtures hâtives des paysans : traces d'anciens alignements, d'anciennes *stone avenues*, perpendiculaires, allées adventices d'autres cérémonies, d'autres processions solennelles ?

1. Il mesure 2,90 m de haut. Un second menhir, qui se trouvait à côté, a été détruit en 1900.

Buste-reliquaire de saint Cornély, église de Carnac.

Dossier 2
Les alignements

LA QUERELLE DE L'ANCIEN ET DU MODERNE

Nous nous permettons de donner ici quelques textes, que d'aucuns jugeront trop longs, mais qu'il nous paraît indispensable de livrer au lecteur comme pour en fait le presser dans son propre costume d'antiquaire.

C'est donc à la chasse aux textes des gens qui chassaient les pierres plantées que nous vous convions, assurés que nous sommes de pouvoir d'un coup vous plonger dans cette mésaventure écrite énorme qui, depuis les travaux du marquis de Robien, en 1725, n'a cessé de se jouer des doctes et des illuminés, des savants et des farfouilleurs entortillés dans leurs désirs contradictoires : découvrir (les pierres dans leurs aspects enfin schématisés) et inventer (les évolutions des processionnaires et des sacrificateurs) avec les corollaires nationalistes que faisaient lever ces fouilles, parmi l'immondice combien troublante de cet homme enfin pré-historique.

Voici donc ces jalons, de fortune diverse, d'intérêt divers, mais de marque indélébile, car ils sont la littérature de notre archéologie mégalithique, ils ont fait cette formidable *celtomanie* qui investissait la Science, en Angleterre comme en France, et qui donna, par ailleurs, des chefs-d'œuvre aussi extravagants mais beaux que les *Poésies* d'Ossian quand ce n'était pas les pages les plus célèbres des *Martyrs* de Chateaubriand.

A la suite de ces textes, nous reprendrons les faits les plus précisément indispensables à notre réflexion, en donnant, autant que cela est possible, les éléments *vrais*, admis aujourd'hui quand nous parlons d'alignements mégalithiques.

◂*Carnac, alignements du Ménec. Les pierres sont plantées par leur extrémité la plus pointue.*

1725

DES MONTAGNES ET TOMBEAUX GAULOIS QUI SONT AUX ENVIRONS DE LOCMARIAQUER[1]

1. Manuscrit du marquis de Robien Bibliothèque municipale de Rennes, n° 2436, vol. I, chap. III.

Le peu de connaissance que nous avons des usages et des mœurs des anciens celtes nous rend l'explication de leurs monuments fort embarrassante. Les deux montagnes dont j'ai parlé dans la description de l'ancienne capitale des Vénètes et qui lui servent pour ainsi dire de bornes et de limites sont du nombre de ceux dont il n'est pas aisé de déterminer précisément l'espèce. Elles sont formées de pierres de médiocre grosseur ; c'est un ouvrage de main d'homme, sans ordre ni arrangement. Quelques-uns ont cru que c'étaient les ruines d'anciens châteaux, mais il n'y a pas d'apparence. Il ne s'y trouve que des pierres brutes sans terre ni liaison ; on ne peut pas dire aussi comme quelques autres l'ont pensé que ce furent des cavaliers élevés pour l'attaque de la place. Le temps qu'il eût fallu pour les construire eût excédé la durée du siège ; où trouver tant de pierres à portée d'être employées à cet ouvrage ? Cependant le nom de Butte César que conserve encore celle de la partie méridionale pourrait faire croire que ce serait un ouvrage construit par ses ordres. Mais, malgré toutes ces conjectures, il est plus probable que c'étaient d'anciens tombeaux ; cette sorte de monuments était assez usitée chez les peuples du Septentrion, elle était surtout fort en usage chez les Anglais avec lesquels les Vénètes entretenaient un très grand commerce.

Cette opinion est confirmée par la forme des autres tombeaux que l'on rencontre dans cette contrée ; ils sont formés de pierres d'énorme grandeur, portées sur d'autres élevées debout pour les supporter ; on les trouve répandues hors des murs de l'ancienne Dariorigue, dans l'enclave même, au-delà et au pied de ces monticules. On sait que les Gaulois enterraient toujours leurs morts hors les enceintes des villes et leur élevaient de pareils tombeaux. Ces pierres qui frappent par leur grandeur, et qu'on a peine à regarder comme des ouvrages de main d'homme, n'ont rien d'étonnant quand on considère les masses prodigieuses de pyramides que les Egyptiens destinaient à inhumer leurs morts. Personne n'ignore combien les sépulcres étaient sacrés chez les anciens et combien les Egyptiens, les Grecs, enfin les

Le marquis de Robien, premier archéologue de Carnac.

Romains y faisaient de dépenses. Les Gaulois et les autres peuples septentrionaux, plus grossiers mais non moins religieux, suppléaient en différentes manières à l'art et à la magnificence des autres nations. Dans les lieux où les pierres manquaient entièrement, ils élevaient aux morts, suivant leur rang et leur distinction d'énormes buttes de terre, arrondies et quelquefois formées par degrés, ou bien ils transportaient avec des peines incroyables, et souvent de très loin, de ces masses énormes de pierres dont j'ai fait tracer ici le dessin dans leurs justes proportions. Ce n'est pas seulement aux environs de l'ancienne ville de Vannes que l'on voit de pareils tombeaux. Toute la côte méridionale en est remplie. La septentrionale ne l'est pas moins, et si l'on n'en avait pas détruit un très grand nombre pour faire de nouveaux édifices, la multitude en serait infinie. De tous ces monuments, celui qui frappe le plus, si vous exceptez la Roche-aux-Fées dont je parlerai dans la suite, est cette grande quantité de pierres qui se voient dans une lande près Carnac ; les moins hautes ont neuf et dix pieds hors de terre ; elles sont disposées en huit rangs : ce lieu s'appelle le camp de César. *Il est aisé de juger qu'une grande quantité de pierres peut avoir été amassée pour former une butte, ou une espèce de pyramide ; telle est celle de Carnac même et sur laquelle est bâtie la chapelle Saint-Michel ; on conçoit encore facilement qu'un certain nombre de pierres peut avoir été planté quoique avec des peines infinies, pour en supporter quelques autres de grandeur plus considérable et inhumer les corps dessous. Mais à quel usage cette phalange de pierres rangées en ordre de bataille dans une lande et élevées verticalement ? Ce n'est pas, comme le prétend M. Deslandes, un effet du bouleversement causé par le déluge. Le hasard ne place pas tant d'ordre et de régularité dans le même endroit dans une si petite étendue d'un terrain plat et qui n'a jamais pu être plus élevé qu'il ne l'est. Serait-ce un cimetière, serait-ce un champ de bataille, où se fût donné un combat signalé et où l'on eût voulu honorer la mémoire de ceux qui y avaient péri ? Tout ce que je puis avancer, c'est que cet ouvrage est d'un travail prodigieux et qu'il faudrait une multitude incroyable d'hommes pour perfectionner une pareille entreprise. M. de La Sauvagère, ingénieur en chef du port Louis, prétend que toutes ces pierres alignées marquent les traces d'un ancien camp ; il croit que les Romains n'ont eu d'autre objet que de mettre leurs tentes ou leurs baraques à l'abri et de les appuyer contre cette espèce de muraille continuée de ces grosses masses de pierres pour se garder des coups de vent violent qui règnent fréquemment sur ces côtes ; il se fonde sur la tradition qui a conservé au terrain occupé par ces pierres le nom* de camp de César. *Le sol étant partout de rocher, il n'est pas douteux selon lui que ces pierres n'aient été tirées sur le lieu même quelque énormes que soient quelques-unes ; il en a cubé qui doivent passer plus de quatre-vingts milliers ; ce qui est encore extrêmement singulier c'est qu'elles sont presque toutes plantées de façon que la plus grande grosseur est en haut et la moindre en bas ; de sorte qu'il y en a plusieurs qui sont portées comme sur un pivot. Il en a remarqué une creusée en demi-sphéroïde allongée dont le grand diamètre a dix pieds et le petit six. Il pense que cette pierre servait d'autel où l'on sacrifiait à force dieux.*

Plan des alignements de Carnac d'après La Sauvagère.

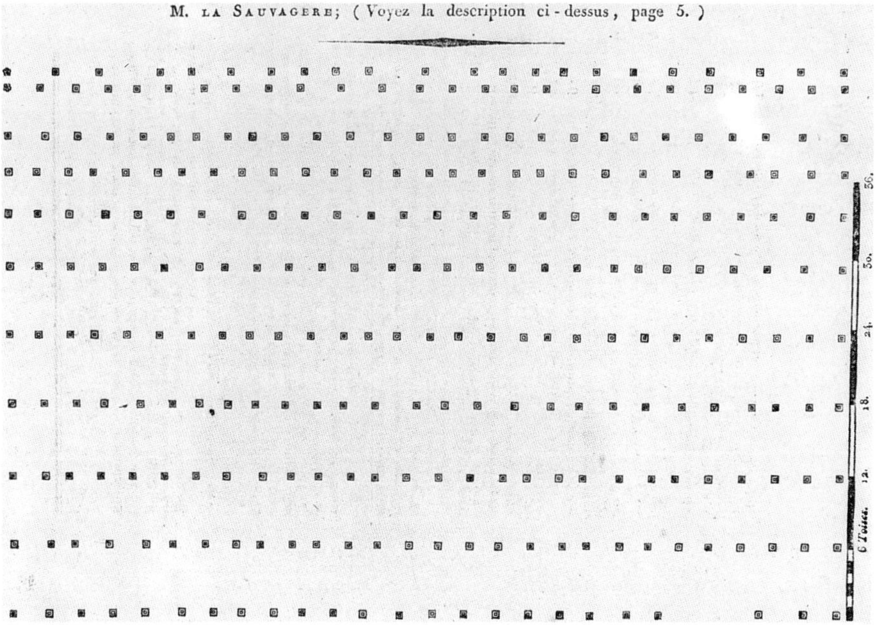

1764

LE PLAIDOYER DU COMTE DE CAYLUS[1]

1. Comte de Caylus, *Recueil d'antiquités égyptiennes, étrusques, grecques et romaines*, 1764, t. VI.

Le détail de quelques-uns des monuments dont la côte de Bretagne est remplie, & que M. le président de Robien regarde indifféremment comme des tombeaux gaulois ; ce détail, dis-je, ne me paraît point assez étendu ; leur nombre considérable, leur singularité particulière & leur rapport avec quelques monuments qui subsistent en Angleterre, m'engagent à placer ici les réflexions que M. des Landes & M. de La Sauvagère m'avaient fait faire quelque temps avant que d'avoir vu le manuscrit de M. le président de Robien : ces deux auteurs sont les seuls qui aient parlé de ces sortes de monuments, du moins avec des détails suivis.

M. des Landes, dans le recueil de son Traité de physique, *regarde ces amas de pierres, malgré leur symétrie & leur arrangement marqué, comme une suite des révolutions arrivées sur la surface de la terre ; c'est-à-dire, apparemment que la terre délayée & emportée par l'eau, a laissé à découvert ces pierres qu'elle renfermait.*

Il faut être bien prévenu en faveur d'une opinion, pour l'accompagner d'un assemblage qui la contredit si positivement, puisqu'il ne peut être l'effet du hasard, & qu'il démontre avec tant de clarté la main de l'homme. Cet exemple de prévention doit non seulement faire trembler, mais inspirer une grande méfiance de soi-même ; car M. des Landes avait beaucoup de connaissances, & toutes supérieures à celle qui pouvait conduire à une réflexion si simple.

... M. de La Sauvagère, ingénieur en chef, a donné une dissertation sur quelques monuments de ce genre, que l'on voit sur la côte de Bretagne : elle est insérée dans le Journal historique de la France[2]. *L'auteur est savant dans son art & l'ouvrage, fait en homme du métier, présente le caractère de l'intelligence & celui de la vérité.*

Ce petit ouvrage, goûté du public avec raison, a été imprimé séparément : malgré l'éloge qu'il mérite, je craindrais qu'il ne fût capable d'induire en erreur sur quelques points. Mais comme il ne suffit pas de dire : « Je ne suis point d'un tel avis », & qu'il faut en donner les raisons, surtout quand il s'agit de contredire un auteur que l'on considère, je commencerai par adopter servilement sa description, per-

suadé qu'on ne pourrait en faire une plus exacte & plus claire, & je ne m'écarterai de son sentiment qu'à propos de l'usage qu'il attribue à ces monuments, & de l'origine qu'il leur suppose : la justice que je rends à M. de La Sauvagère est encore fondée sur la justesse de ses vues par rapport à la position que César avait prise dans la guerre qu'il fit aux peuples Veneti, *pour juger des manœuvres de sa flotte, commandée par Brutus, & qui sortait de la Loire ; cette position le mettait en état de concerter les mouvements de ses troupes de terre avec ses vaisseaux : écoutons M. de La Sauvagère sur ces monuments :*

*« Mon dessein n'est point ici de rappeler tout ce que les savants ont dit sur l'*Hercules Saxanus *ou* Hercules e petra. *Les pierres qui ont donné lieu aux recherches qu'on va essayer de déduire, ne peuvent être prises en général pour ces sortes de monuments dont on attribue aussi un grand nombre aux anciens Gaulois.*

« C'est en Bretagne que ces pierres admirables se voient, on ne connaît aucun écrit qui en ait fait mention telles qu'elles sont, & sur ce qui peut leur avoir donné lieu : elles sont placées sur la côte du sud du Morbihan, *tout auprès du bourg de* Carnac, *où elles occupent au-dessus le terrain le plus élevé en face de la mer, en allant depuis ce bourg au bras de mer de la Trinité, sur la longueur de 760 toises, où elles sont plantées et alignées comme des rangées d'arbres, sur onze rangs parallèles, qui forment des intervalles comme des rues tirées au cordeau, dont la première, en comptant par la plus prochaine de Carnac, a 6 toises de largeur ; la seconde 5 toises 3 pieds ; la troisième 6 toises ; la quatrième 6 toises 2 pieds ; la cinquième 5 toises ; la sixième 5 toises ; la septième 3 toises 3 pieds ; la huitième 3 toises 4 pieds ; la neuvième 4 toises & la dixième 2 toises, ce qui fait une largeur totale de 47 toises.*

« Ces pierres sont plantées à 18, 20 & 25 pieds les unes des autres : il y en a beaucoup qui ne sont pas plus grosses que des bornes ordinaires ; mais, en revanche, il s'en voit, surtout aux extrémités, de la distance ci-devant marquée, qui sont d'une grosseur énorme et hautes de 16, 18 et 20 pieds : on ne peut les considérer sans en être étonné ; j'en ai cubé qui doivent peser plus de 80 milliers ; il est inconcevable de quelles machines on a pu se servir pour les mettre debout ; et ce qui est encore extrêmement singulier, c'est qu'elles sont presque toutes plantées de

façon que le bout le plus gros est en haut et le moindre en bas, de sorte qu'il y en a plusieurs qui sont portées comme sur un pivot : elles sont brutes telles qu'on les a tirées de la terre : l'on a affecté à celles qui sont plates ou qui ont quelques côtés aplatis, de les retourner suivant les alignements et de leur faire faire parement aux rues.

« Il s'en voit dans le grand nombre quelques-unes de couchées, soit qu'elles aient été renversées naturellement ou qu'on ait eu intention d'en faire usage ; ce que les paysans de ce canton n'ont osé pendant très longtemps par un esprit de superstition.

« Parmi celles qui sont couchées, j'en ai remarqué une à l'extrémité des alignements vers le couchant, où la pierre est creusée en demi-sphéroïde allongé, dont le grand diamètre a 10 pieds et le petit 6, d'une façon si approchante de la régularité, que l'on pourrait croire que c'est à dessein que cette concavité y a été pratiquée, et que cette pierre servait d'autel où l'on sacrifiait aux faux-Dieux.

« Les traces de ces pierres alignées s'étendent beaucoup plus loin que les 760 toises ;

mais cette longueur est celle qui est la plus continuée. Elles sont interrompues de temps à autre par un moulin à vent, par quelques maisons de paysans et même par un hameau entier ; par-delà on en reconnaît encore les traces jusqu'à un quart de lieue du bras de mer de la Trinité, où on cesse d'en apercevoir : en comptant la longueur totale du terrain qu'elles occupent, elle est de 1 490 toises.

« Le sol étant partout de rocher, il n'est pas douteux que ces pierres n'aient été tirées sur le lieu même où on les voit au nombre de plus de 4 000, tant grosses que petites ; ce qui surprend quand on les aperçoit de loin, surtout les rangées vers Carnac, qui ont été le moins dégradées, et où sont les plus grosses.

« Quant à celles qui sont près du bourg d'Ardeven, elles sont en beaucoup moindre quantité : j'en ai compté environ 200, parmi lesquelles il y en a d'aussi grosses qu'à Carnac ; le sol étant de rocher, elles ont dû aussi être tirées sur le lieu même. En les comparant avec celles de Carnac, l'on peut croire qu'elles sont du même temps et qu'elles ont eu le même objet.

Carnac, les alignements du Ménec.

« Ce détail prouve que certainement ces ouvrages sont de main d'homme et qu'il est inutile de chercher le principe à l'aide de la Physique : je n'en ai point remarqué de posées en jambage et la troisième par-dessus comme une porte. Ce ne sont par conséquent pas les mêmes dont M. des Landes nous a donné la description.

« L'on voit encore dans tous ces environs beaucoup d'autres pierres plantées seules, çà et là dans les campagnes ; quelquefois même il y en a plusieurs près les unes des autres. Elles se remarquent dans la presqu'île de Quiberon, et dans les îles de Belle-Isle et de Groix : il s'en trouve à Belle-Isle, entre le moulin de Gouich et le bourg de Locmarie, de cinquante mille quatre cents pesant.

« Il se voit aussi dans cette partie de la Bretagne nombre de pierres plates, comme des tables soutenues en l'air sur quelques autres pierres ou bornes debout ; il y en a une entre autres aux environs du bourg de Locmariaquer qui doit peser, suivant son cube, soixante et quinze mille six cents ; une autre près du Port-Louis et une autre près d'Hennebon.

« Il me paraît qu'on n'en peut croire autre chose sinon qu'elles marquent les traces d'un ancien camp, et celles d'Ardeven, le lieu qu'occupait la garde avancée. Outre que l'inspection des lieux fait naître cette idée, elle paraît être d'autant plus probable qu'elle est appuyée sur une tradition qui a conservé au terrain occupé par ces pierres le nom de camp de César...

« Quant à cette quantité de pierres plates ou posées debout, je ne puis croire que les Romains aient eu d'autre objet que de mettre leurs tentes ou leurs baraques à l'abri et de les appuyer contre cette espèce de muraille continuée de ces grosses masses de pierres, pour se garantir des coups de vent violents qui règnent fréquemment sur ces côtes... Ces exemples favorisent l'opinion sur le motif de ces grosses pierres et sur les temps où elles ont dû être plantées ; il est vrai qu'on ne peut envisager l'entreprise de ce travail qu'avec étonnement, mais l'on sait que l'esprit qui régnait dans les soldats romains les a portés à laisser partout où ils ont séjourné des monuments aussi extraordinaires que celui-ci ; il ne fallait pas moins que leur industrie pour l'imaginer et que leur infatigabilité pour l'exécuter. »

Voici ma réponse aux opinions de M. de La Sauvagère :

Ces pierres ou ces rochers de Carnac peuvent porter le nom de camp de César *par une tradition qui a pu se conserver, d'autant que César a véritablement campé dans ce terrain, dans le temps qu'il attaquait le peuple Veneti ; d'un autre côté, cette dénomination ne prouve absolument rien ; les peuples de nos provinces ont contracté depuis longtemps l'habitude de donner ce nom à tout ce qui a rapport à la guerre et qui leur paraît ancien.*

L'arrangement de ces pierres ne présente point la disposition, je ne dis pas d'un camp romain, mais de quelque camp que ce soit, puisque les lignes d'enceinte, ainsi que les lignes intérieures, ont plus de vide que de plein et que les intervalles à peu près égaux sont disposés en quinconce. Quelque sentiment que l'on veuille adopter, on ne peut accuser cet assemblage de monuments de peu de conservation ; de plus on n'a jamais fait d'effort semblable pour abriter des tentes contre la force du vent, comme l'auteur le prétend: quelques travaux que les soldats romains fussent dans l'habitude d'exécuter pour camper et se retrancher, ils n'ont rien laissé de pareil ; je soutiens même, sans crainte d'être contredit, qu'il leur aurait été impossible de faire un tel ouvrage qui, d'ailleurs, ne présente ni la forme ni la disposition qu'ils donnaient constamment à leurs camps quand la nature n'y mettait point d'obstacle. Ils ont pu employer ces rochers à l'usage que leur donne M. de La Sauvagère, puisqu'ils les trouvaient placés ; mais cette conjecture n'est d'aucune importance par rapport au fait. Quoi qu'il en soit, la distance éloignée et continue en quelque façon à laquelle on retrouve ces pierres, tantôt éparses et tantôt réunies, et même différentes dans leurs formes, m'engage à dire que ces amas de pierres énormes et leur disposition ne peuvent avoir aucun rapport avec un camp.

La forme aplatie de quelques-uns de ces monuments éloignés de Carnac confirme mon sentiment sur la pierre de Poitiers, dont j'ai rapporté le dessin et les proportions dans le quatrième volume : je ne connaissais alors aucune de toutes celles dont la Bretagne est remplie et que l'on trouve même dans les provinces qui lui sont contiguës.

(...) Je passe aux réflexions que ces monuments peuvent faire naître. Premièrement, *la quantité de ces pierres qui ne sont point l'ouvrage d'un petit nombre d'années, prouve notre profonde ignorance sur les anciennes révolu-*

tions de la Gaule ; car je suis bien éloigné de donner ces monuments aux anciens Gaulois ; je suis en ce point de l'avis de M. de La Sauvagère : les monuments mêmes certifient que les Gaulois ne peuvent y avoir aucune part. Car il est constant qu'étant maîtres de l'intérieur du pays, ils auraient élevé quelques-unes de ces pierres en plusieurs endroits du continent et l'on n'en a jamais trouvé que dans quelques provinces situées sur le bord de la mer, ou du moins qui en sont peu éloignées.

Secondement, *ces pierres donnent l'idée d'un culte bien établi ; et nous savons assez quelles étaient les mœurs et la religion des Gaulois pour ne leur point attribuer cette espèce de superstition. Il faut donc convenir que cet usage est étranger aux deux pays qui nous en ont conservé la mémoire et l'on ne peut guère douter qu'il n'ait été apporté par des hommes venus par mer, et qui se sont établis sur les côtes, sans pénétrer que médiocrement dans les terres, comme il arrive toujours, et comme toutes les nations de l'Europe ont fait dans les pays qu'ils ont découverts dans les siècles derniers.*

Troisièmement, *l'arrangement de ces rochers prouve le désir qu'avait cette nation (quelle qu'elle ait été) de passer à la postérité: en effet, ces monuments très difficiles à déplacer, inutiles dans tous les sens, puisqu'il sera toujours plus aisé de retirer leurs semblables de la terre que d'abattre ceux qui sont élevés, et qui d'ailleurs n'ont aucun ornement qui puisse engager la méchanceté des hommes à les détruire; ces monuments, dis-je, me mettent en droit de demander si le peuple le plus éclairé pourrait employer de meilleurs et de plus sûrs moyens pour laisser des témoignages de son existence. Il ne lui manquait que l'écriture. Et si cette nation ne donne point à cet égard des preuves de sa connaissance, elle en indique beaucoup sur les forces mouvantes, ou du moins sur l'accord et l'emploi d'une bien grande quantité de bras, comme on le voit dans l'*Histoire des Incas, *qui ont taillé, remué, et placé des pierres d'un volume et par conséquent d'un poids énormes.*

Quatrièmement, *la quantité de ces pierres placées sur la côte de Bretagne constate la longueur du séjour fait dans cette partie de la Gaule par des peuples dont la façon de penser était uniforme, au moins sur cet article. Mais il est plus simple et plus dans l'ordre des vraisemblances de convenir que ce genre de monuments est l'ouvrage d'un même peuple. Ces réflexions augmentent la singularité du silence absolu que la tradition même a gardé sur un usage si répété. On peut en inférer une antiquité d'autant plus reculée que du temps des Romains la trace en était perdue. César aurait parlé de ces monuments singuliers, ils le méritaient par eux-mêmes, ils faisaient preuve de l'ancienne habitation du pays. On peut appuyer cette probabilité, car personne ne voudra soutenir que ces monuments et ceux de l'Angleterre aient été élevés depuis la destruction de l'empire romain.*

Il faut donc convenir qu'on ne peut rien dire de positif à cet égard. On voit seulement que la disposition de ces pierres, constante en elle-même, est l'ouvrage d'un peuple et la suite de la superstition: le rapport des opérations certifie que ce peuple a successivement débarqué en Gaule et en Angleterre. Tout le reste est et sera toujours ignoré, mais ne perdra rien de sa singularité.

1805

LE ZODIAQUE DE L'INGÉNIEUR CAMBRY[1]

Le bourg de Carnac est situé dans le département du Morbihan, à trois lieues de la ville d'Auray.

Près de ce bourg, sur les bords de la mer, est le monument de pierres brutes dont je vais donner la description.

MM. de Caylus, La Sauvagère, La Tour-d'Auvergne, le général Pomereuil, l'amiral Thévenard, ont parlé de cette étrange colonnade de granit. La route d'Auray à Carnac est extrêmement difficile ; elle est coupée de monticules, de chemins de traverse presque impraticables. Il n'est pas de contrée plus sauvage, de landes plus désertes, et de lieux où l'on soit plus loin de ce qui rappelle à la civilisation, aux jouissances des peuples éclairés.

On apperçoit long-temps le léger clocher de Carnac avant de l'atteindre. Quelques pierres longues, placées de main d'homme sur les collines et sur des monticules de sable, précèdent le grand théâtre que vous cherchez. Sur la gauche dans le lointain, nous vîmes à l'horizon, des masses de pierres dont nous nous éloignâmes, les prenant pour des pans de murailles ou pour des forteresses démolies; nous atteignîmes enfin une des extrémités du monument à l'ouest. Je n'essayerai pas de vous peindre ma surprise à la vue de ces masses imposantes, se prolongeant vers l'horizon, au milieu du désert qui les environne ; de ce monu-

1. Cambry, *Monuments celtiques, ou recherches sur le culte des pierres*, Paris, 1805.

ment si sévère, si majestueux, si prodigieux par son étendue, par les efforts qu'il fallut faire pour l'élever. Il est là seul avec le sable qui le porte et la voûte du ciel qui l'enveloppe ; pas une inscription ne l'explique, pas une analogie ne porte à le connoître.

Les hommes que vous appelez, le voyageur que vous interrogez, le regardent et tournent la tête, ou vous racontent des folies :

C'est un ancien camp de César ; c'est une armée changée en pierre ; c'est l'ouvrage des Crions, *petits hommes, petits démons, hauts de deux ou trois pieds, qu'on suppose avoir porté ces masses énormes sur leurs mains ; ils sont plus forts que des géants. Ces* Crions, *ou* Gorics, *sont supposés danser la nuit autour des monumens druidiques. Malheur au voyageur qui s'en approche, qu'ils peuvent saisir ; il suit forcément une danse rapide, il tombe au milieu des éclats de rire de ces* Dusii, *de ces folets, de ces farfadets qui s'éclipsent au point du jour.*

Un vieux matelot cependant

Maudet de Penhouet, à Carnac, en 1805.

me répondit deux choses assez frappantes :

1° Qu'une de ces pierres couvre encore un immense trésor ; que, pour le mieux cacher, on a dressé ces milliers de pierres ; et qu'un calcul dont on ne trouveroit la clef que dans la tour de Londres, pouvoit seul indiquer la place du trésor. Ce fait rappelle les boucliers sacrés, les ancilia *des Romains.*

2° Qu'au mois de juin chaque année, les anciens ajoutoient une pierre aux pierres déjà dressées, et qu'on les illuminoit à grands frais la nuit qui précédoit cette cérémonie.

Ce monument sans doute appartenoit à l'astronomie ; il étoit un thème céleste, dont il est difficile de donner le plan et de saisir tous les rapports. Sa direction de l'est à l'ouest, la conviction que la religion peut seule faire exécuter des travaux de cette importance, l'époque de l'année où l'on suppose qu'on plaçoit ces pierres au moment du solstice d'été, et mille autres faits que je rapporterai, me le font conjecturer.

Les pierres de Carnac sont rangées sur onze lignes tirées au cordeau. Ces lignes sont séparées par un espace de trente à trente-trois pieds. La distance de l'une à l'autre pierre, sur la longueur des lignes, varie de douze à quinze pieds.

L'ensemble ne forme donc pas un quinconce, comme le dit Ogée. *Je l'avouerai, je cherchois une douzième ligne, pour trouver quelque liaison entre le zodiaque et le prodigieux travail de nos ancêtres ; ce fut en vain.*

Il ne faudroit cependant pas renoncer à cette correspondance, s'il est vrai, comme l'avance l'auteur des Monumens singuliers, *dans son* Traité sur l'astrologie judiciaire, *Paris, 1739, p. 432, que les plus anciens astronomes ne reconnoissoient que onze signes du zodiaque, que les Grecs portèrent au nombre de douze, en mettant la Balance à la place des serres du Scorpion, et renfermant ce dernier dans l'espace que sa queue occupoit auparavant.*

Sans doute si ce monument de Carnac a quelque liaison avec l'ordre des cieux, c'est avec celui qu'on lui prêta dans les siècles les plus éloignés.

Cette pierre offerte aux astres tous les ans me rappelle les clous du Capitole et des Etrusques, qui marquoient les années chez ces peuples avant qu'ils adoptassent l'écriture dans leurs cérémonies religieuses. On n'a rien donné de vraisemblable sur cet usage, quoiqu'une dissertation dans le VIe *tome des* Mémoires *de l'Académie des Inscriptions essaie de*

« Pierres du Monument de Carnac près du moulin de Kmo à l'est »,
planche n° 4 de l'ouvrage de Cambry, Monumens celtiques, *publié en 1805.*

Pl. 4.

faire connoître le sens caché de cette pratique. Les étoiles ressemblent à des têtes de clous fichés dans la voûte céleste ; placer un nouveau clou dans le temple de Jupiter, dans les temps de peste, de pluies de pierre, dans les événements extraordinaires, effrayants, c'étoit se mettre sous la protection d'un nouvel astre, d'un nouveau dieu, et le prier de faire cesser un fléau que, malgré les vœux et les sacrifices multipliés des prêtres, les autres dieux n'avoient pu faire cesser. Quand on veut expliquer les premières pensées des peuples, il ne faut jamais s'écarter des rapports matériels et simples qu'ils doivent saisir. C'est peut-être l'opinion qu'on a de la grandeur des mystères qu'on suppose écrits sur les temples et les obélisques de l'Egypte, qui nous empêche de les expliquer.

J'ai mesuré les principales pierres de Carnac; les plus élevées ont vingt-un à vingt-deux pieds hors de terre ; leur largeur et leur épaisseur varient comme leur élévation; mais il en est d'énormes, sur-tout dans la partie voisine de Kervario, auprès du moulin de Kerner.

Une d'elles a vingt-deux pieds de hauteur sur douze de large, et sur six d'épaisseur, sans y comprendre la partie cachée par le sable ; elle doit peser, à supposer le pied cube de granit de 200 liv., 256,800 liv. De Kervario l'on apperçoit la mer et des terres basses dans le lointain ; ce coup-d'œil est très-imposant, et frappe d'autant plus qu'il est impossible de n'être pas ému d'étonnement et d'admiration par les objets qu'on vient de voir.

M. de Caylus *fut trompé par de faux récits sur Carnac. Il veut en donner une idée dans le tome VI de ses* Antiquités ; *ses raisonnemens, pour l'expliquer, ne valent pas mieux que sa gravure ; il en fait des tombeaux ; il suppose qu'un peuple étranger posa ces pierres, &c. &c.* Ogée, Deslandes, *curieux antiquaires, veulent que les pierres de Carnac aient servi de camp à César, et de retranchement à ses troupes, et qu'elles aient été placées par les Romains.*

Ces erreurs naquirent, chez des hommes d'un grand mérite, de la précipitation qu'ils mirent à juger, du peu de recherches qu'ils avoient faites sur les monumens de cette espèce, du préjugé sur-tout qui range au nombre des barbares les vieux habitans de la Gaule.

On se réunit pour porter à 4 000 le nombre des pierres de Carnac ; le compte plus précis qu'on en auroit n'aideroit pas à en connoître le mystère, puisqu'on en a détruit une très-grande quantité.

Ogée *prétend que celles qui sont en place occupent un espace de 670 toises, et que les traces de celles qu'on a enlevées s'approchoient de la Trinité, sur une longueur de 1 490 toises.* M. Boulay, *habitant éclairé d'Auray, assure qu'elles s'étendoient jadis à près de trois lieues sur la côte.*

Les pierres de Carnac offrent l'aspect le plus étrange ; elles sont isolées dans une grande plaine, sans arbres, sans buissons ; pas un caillou, pas un fragment de pierre sur le sable qui les supporte ; elles sont en équilibre, sans fondations ; plusieurs d'entre elles sont mobiles ; les gravures, jointes à ces détails, en sont une image assez vraie, mais ne feront pas l'impression que ces masses elles-mêmes produisent. Elles nous rappellent des temps que nos calculs et notre histoire ne peuvent atteindre.

1809

CHATEAUBRIAND ET VELLÉDA LA DRUIDESSE[1]

Vers le soir, je me revêtis de mes armes, que je recouvris d'une saie, et sortant secrètement du château, j'allai me placer sur le rivage du lac, dans l'endroit que les soldats m'avaient indiqué.

Caché parmi les rochers, j'attendis quelque temps sans voir rien paraître. Tout à coup mon oreille est frappée des sons que le vent m'apporte du milieu du lac. J'écoute, et je distingue les accents d'une voix humaine ; en même temps, je découvre un esquif suspendu au sommet d'une vague ; il redescend, disparaît entre deux flots, puis se montre encore sur la cime d'une lame élevée; il approche du rivage. Une femme le conduisait ; elle chantait en luttant contre la tempête, et semblait se jouer dans les vents : on eût dit qu'ils étaient sous sa puissance, tant elle paraissait les braver. Je la voyais jeter tour à tour en sacrifice dans le lac, des pièces de toile, des toisons de brebis, des pains de cire, et de petites meules d'or et d'argent.

Bientôt elle touche à la rive, s'élance à terre, attache sa nacelle au tronc d'un saule, et s'enfonce dans le bois en s'appuyant sur la rame de peuplier qu'elle tenait à la main. Elle passa tout près de moi sans me voir. Sa taille était haute ; une tunique noire, courte et sans manches, servait à peine de voile à sa nudité. Elle portait une faucille d'or suspendue à une ceinture d'airain, et elle était couronnée d'une branche de chêne. La

1. René de Chateaubriand, *Les Martyrs*, 1809.

« Pierres du Monument de Carnac à la pointe de l'Ouest »,
planche n° 3 de l'ouvrage de Cambry.

Pl. 3.

blancheur de ses bras et de son teint, ses yeux bleus, ses lèvres de rose, ses longs cheveux blonds, qui flottaient épars, annonçaient la fille des Gaulois, et contrastaient, par leur douceur, avec sa démarche fière et sauvage. Elle chantait d'une voix mélodieuse des paroles terribles, et son sein découvert s'abaissait et s'élevait comme l'écume des flots.

Je la suivis à quelque distance. Elle traversa d'abord une châtaigneraie dont les arbres, vieux comme le temps, étaient presque tous desséchés par la cime. Nous marchâmes ensuite plus d'une heure sur une lande couverte de mousse et de fougère. Au bout de cette lande, nous trouvâmes un bois, et au milieu de ce bois, une autre bruyère de plusieurs milles de tour. Jamais le sol n'en avait été défriché, et l'on y avait semé des pierres, pour qu'il restât inaccessible à la faux et à la charrue. A l'extrémité de cette arène s'élevait une de ces roches isolées que les Gaulois appellent dolmen, et qui marquent le tombeau de quelque guerrier. Un jour le laboureur, au milieu de ses sillons, contemplera ces informes pyramides : effrayé de la grandeur du monument, il attribuera peut-être à des puissances invisibles et funestes ce qui ne sera que le témoignage de la force et de la rudesse de ses aïeux.

La nuit était descendue. La jeune fille s'arrêta non loin de la pierre, frappa trois fois des mains, en prononçant à haute voix ce mot mystérieux :

« Au gui l'an neuf ! »

A l'instant, je vis briller dans la profondeur du bois mille lumières, chaque chêne enfanta pour ainsi dire un Gaulois ; les barbares sortirent en foule de leur retraite : les uns étaient complètement armés ; les autres portaient une branche de chêne dans la main droite et un flambeau dans la gauche. A la faveur de mon déguisement, je me mêle à leur troupe : au premier désordre de l'assemblée succèdent bientôt l'ordre et le recueillement, et l'on commence une procession solennelle.

Des eubages marchaient à la tête, conduisant deux taureaux blancs qui devaient servir de victimes ; les bardes suivaient, en chantant sur une espèce de guitare les louanges de Teutatès ; après eux venaient les disciples ; ils étaient accompagnés d'un héraut d'armes vêtu de blanc, couvert d'un chapeau surmonté de deux ailes, et tenant à sa main une branche de verveine entourée de deux serpents. Trois sénanis, représentant trois druides, s'avançaient à la suite du héraut d'armes : l'un portait un pain, l'autre un vase plein d'eau, le troisième une main d'ivoire. Enfin, la druidesse (je reconnus alors sa profession) venait la dernière. Elle tenait la place de l'archidruide, dont elle était descendue. On s'avança vers le chêne de trente ans où l'on avait découvert le gui sacré. On dressa au pied de l'arbre un autel de gazon. Les sénanis y brûlèrent un peu de pain, et y répandirent quelques gouttes d'un vin pur. Ensuite un eubage vêtu de blanc monta sur le chêne, et coupa le gui avec la faucille d'or de la druidesse ; une saie blanche étendue sous l'arbre reçut la plante bénite ; les autres eubages frappèrent les victimes, et le gui, divisé en égales parties, fut distribué à l'assemblée.

Cette cérémonie achevée, on retourna à la pierre du tombeau ; on planta une épée nue pour indiquer le centre du mallus ou du conseil ; au pied du dolmen étaient appuyées deux autres pierres, qui en soutenaient une troisième couchée horizontalement. La druidesse monte à cette tribune. Les Gaulois debout et armés l'environnent, tandis que les sénanis et les eubages élèvent des flambeaux : les cœurs étaient secrètement attendris par cette scène, qui leur rappelait l'ancienne liberté. Quelques guerriers en cheveux blancs laissaient tomber de grosses larmes, qui roulaient sur leurs boucliers. Tous penchés en avant et appuyés sur leurs lances, ils semblaient déjà prêter l'oreille aux paroles de la druidesse.

Elle promena quelque temps ses regards sur ces guerriers, représentants d'un peuple qui le premier osa dire aux hommes : « Malheur aux vaincus ! » mot impie retombé maintenant sur sa tête ! On lisait sur le visage de la druidesse l'émotion que lui causait cet exemple des vicissitudes de la fortune. Elle sortit bientôt de ses réflexions, et prononça ce discours :

« Fidèles enfants de Teutatès, vous qui, au milieu de l'esclavage de votre patrie, avez conservé la religion et les lois de vos pères, je ne puis vous contempler ici sans verser des larmes ! Est-ce là le reste de cette nation qui donnait des lois au monde ? Où sont ces Etats florissants de la Gaule, ce conseil des femmes auquel se soumit le grand Annibal ? Où sont ces druides qui élevaient dans leurs collèges sacrés une nombreuse jeunesse ? Proscrits par les tyrans, à peine quelques-uns d'entre eux vivent inconnus dans des antres sauvages. Velléda, une faible druidesse, voilà donc tout ce

qui vous reste aujourd'hui pour accomplir vos sacrifices ! O île de Sayne, île vénérable et sacrée ! je suis demeurée seule des neuf vierges qui desservaient votre sanctuaire ! Bientôt Teutatès n'aura plus ni prêtres ni autels. Mais pourquoi perdrions-nous l'espérance ? J'ai à vous annoncer les secours d'un allié puissant : auriez-vous besoin qu'on vous retraçât le tableau de vos souffrances, pour vous faire courir aux armes ? Esclaves en naissant, à peine avez-vous passé le premier âge, que les Romains vous enlèvent. Que devenez-vous ? Je l'ignore. Parvenus à l'âge d'homme, vous allez mourir sur la frontière pour la défense de vos tyrans, ou creuser le sillon qui les nourrit. Condamnés aux plus rudes travaux, vous abattez vos forêts, vous tracez avec des fatigues inouïes les routes qui introduisent l'esclavage jusque dans le cœur de votre pays : la servitude, l'oppression et la mort accourent sur ces chemins en poussant des cris d'allégresse, aussitôt que le passage est ouvert. Enfin, si vous survivez à tant d'outrages, vous serez conduits à Rome : là, renfermés dans un amphithéâtre, on vous forcera de vous entre-tuer, pour amuser par votre agonie une populace féroce. Gaulois, il est une manière plus digne de vous de visiter Rome ! Souvenez-vous que votre nom veut dire voyageur. Apparaissez tout à coup au Capitole, comme ces terribles voyageurs, vos aïeux et vos devanciers. On vous demande à l'amphithéâtre de Titus ? Partez ! Obéissez aux illustres spectateurs qui vous appellent. Allez apprendre aux Romains à mourir, mais d'une tout autre façon qu'en répandant votre sang dans leurs fêtes : assez longtemps ils ont étudié la leçon, faites-la-leur pratiquer. Ce que je vous propose n'est point impossible. Les tribus des Francs qui s'étaient établies en Espagne retournent maintenant dans leur pays ; leur flotte est à la vue de vos côtes ; ils n'attendent qu'un signal pour vous secourir. Mais si le ciel ne couronne pas vos efforts, si la fortune des Césars doit l'emporter encore, eh bien ! nous irons chercher avec les Francs un coin du monde où l'esclavage soit inconnu. Que les peuples étrangers nous accordent ou nous refusent une patrie, la terre ne peut nous manquer pour y vivre ou pour y mourir. »

Je ne puis vous peindre, seigneurs, l'effet de ce discours prononcé à la lueur des flambeaux, sur une bruyère, près d'une tombe, dans le sang des taureaux mal égorgés, qui mêlaient leurs derniers mugissements aux sifflements de la tempête : ainsi l'on représente ces assemblées des esprits de ténèbres, que des magiciennes convoquent la nuit dans les lieux sauvages. Les imaginations échauffées ne laissèrent aucune autorité à la raison. On résolut, sans délibérer, de se réunir aux Francs. Trois fois un guerrier voulut ouvrir un avis contraire, trois fois on le força au silence, et à la troisième fois le héraut d'armes lui coupa un pan de son manteau.

Ce n'était là que le prélude d'une scène épouvantable. La foule demande à grands cris le sacrifice d'une victime humaine, afin de mieux connaître la volonté du ciel. Les druides réservaient autrefois pour ces sacrifices quelque malfaiteur déjà condamné par les lois. La druidesse fut obligée de déclarer que, puisqu'il n'y avait point de victime désignée, la religion demandait un vieillard, comme l'holocauste le plus agréable à Teutatès. Aussitôt, on apporte un bassin de fer sur lequel Velléda devait égorger le vieillard. On place le bassin à terre devant elle. Elle n'était point descendue de la tribune funèbre d'où elle avait harangué le peuple, mais elle s'était assise sur un triangle de bronze, les vêtements en désordre, la tête échevelée, tenant un poignard à la main, et une torche flamboyante sous ses pieds. Je ne sais comment aurait fini cette scène : j'aurais peut-être succombé sous le fer des barbares en essayant d'interrompre le sacrifice ; le ciel, dans sa bonté ou dans sa colère, mit fin à mes perplexités. Les astres penchaient vers leur couchant. Les Gaulois craignirent d'être surpris par la lumière. Ils résolurent d'attendre, pour offrir l'hostie abominable, que Dis, père des ombres, eût ramené une autre nuit dans les cieux. La foule se dispersa sur les bruyères, et les flambeaux s'éteignirent ; seulement quelques torches agitées par le vent brillaient encore çà et là dans la profondeur des bois, et l'on entendait le chœur lointain des bardes, qui chantaient en se retirant ces paroles lugubres :

« Teutatès veut du sang ; il a parlé dans le chêne des druides. Le gui sacré a été coupé avec une faucille d'or, au sixième jour de la lune, au premier jour du siècle. Teutatès veut du sang ; il a parlé dans le chêne des druides ! »

1825

LA GRANDE IMAGINATION DU CHANOINE MAHÉ[1]

1. Abbé Mahé, *Essai sur les antiquités du Morbihan*, Vannes, 1825.

Cette commune, devenue justement célèbre depuis quelque temps par le grand nombre d'antiquités Celtiques qu'elle offre aux curieux, peut en avoir tiré son nom ; car dans l'idiome Irlandois, qui est un dialecte, quoique altéré, du Celtique, Carn *signifie* Pierre levée, Menhir, *et dans notre Breton il signifie encore monceau de pierres. Or de* Carn *(Menhir) a pu se former l'adjectif possessif* Carnec, *qui signifie* possédant des Menhirs, *et de* Carnec, *par une légère altération, on a pu faire* Carnac. *Mais cette étymologie est douteuse, car dans le Morbihan plusieurs autres noms de lieux se terminent de même en* ac.

I° Le monument le plus élevé de cette commune est une colline tumulaire, nommée le mont Saint-Michel, parce qu'on a bâti sur son sommet une chapelle de saint Michel, pour une raison qu'on verra ci-après. On a déjà vu que les monuments de cette espèce sont des tombeaux. En voici de nouvelles preuves.

1° Homère décrit ainsi le tombeau qu'Achille éleva pour son ami Patrocle : « Ils déposent cette urne (pleine des cendres du mort) dans la tente d'Achille et la couvrent d'un voile précieux ; ils marquent ensuite l'enceinte circulaire de son tombeau (τιράσαντο δὲ σῆμα *) ; il en jettent les fondements autour du bûcher et ils y élèvent un monceau de terre. »*

. . . . ὀςία λευκὰ
"Αλλεγον ες χρυσὲην φίαλην, και δίπλακα δημόν.
Εν κλισιησι δε θέντες, ὲανῳ λιτε κάλυψαν.
Τορνάσαντο δὲ σῆμα, θεμειλεά τε προβάλοντο
'Αμφὶ πυρήν· εῖθαρ δὲ χυτὴν ὲπὶ γαῖαν ἔχευαν.
(Iliade, liv. XXIII, vers 252.)

Voilà un tombeau formé d'un monceau de terre, à base circulaire, et par conséquent de forme conique. Rien de plus semblable à nos Barrows.

2° Le tombeau dressé pour Achille lui-même, sur le promontoire de Sigée, est de la même nature ; car Euripide dit que l'ombre de ce héros apparut sur la sommité et le point culminant de ce monument, ce qui prouve qu'il se terminoit en pointe, comme nos Montissels.

Ηλυθ ὕπερ ἄκρας τύμβου κὸρυφᾶς
Φάντασμ' Α'χιλλῆος. » (Hécube, acte 1.)

Sénèque le décrit de la même manière. « (Pour immoler Polyxène, dit-il,) Pyrrhus atteignit la crête de cette haute montagne (c'est le nom qu'il donne au tumulus*), et il s'arrêta sur le point le plus élevé* *du tombeau de son père (Achille).*

.... Ardui
Sublime montis tetigit, atque altè edito
Juvenis paterni vertice in busti stetit. »

*(*Troas, *acte V, vers 1149.)*

II° Les Dolmens sont la seconde sorte d'antiquités Gauloises que le temps a oublié de détruire à Carnac. Je ne crois pas qu'ils y soient en grand nombre.

III° Mais ce qui fait la gloire de cette commune, ce sont ces longues files de Peulvans, auxquels on ne peut comparer aucun monument Celtique, et dont « la masse indestructible a fatigué le temps » (Delille, Jardins*).*

....

Ces onze lignes de Menhirs ne sont pas continues, et elles sont interrompues par quelques espaces vides, après lesquels elles continuent de se prolonger, quoique ce ne soit pas exactement dans la direction des précédentes.

On dit même que le nombre des lignes n'est pas constamment de onze, mais qu'il est plus souvent de dix et dans un endroit de quatorze. C'est ce que m'a assuré un académicien Anglois qui venoit de les visiter, mais de quoi je ne m'aperçus pas quand je les vis.

Plusieurs pierres de ces rangées sont renversées, d'autres ont disparu tout-à-fait : on dit même qu'on en a enlevé une pour l'ornement de la porte septentrionale de l'église, où l'on voit une espèce de couronnement monolithe qui a dû avoir été tiré d'un bloc d'un très-gros diamètre.

C'est, dit-on, une tradition que tous les ans, dans le mois de juin, on ajoutoit quelque chose à ces alignements, et que la veille du jour destiné à ce travail toutes les pierres étoient illuminées à grands frais.

NATURE DES ALIGNEMENTS DE CARNAC

On a fait beaucoup de systèmes sur la destination primitive de ce monument.

I° Les habitans de la commune disent que saint Corneille, patron de la paroisse, se voyant poursuivi par des soldats, fut arrêté dans sa fuite par la mer, et que n'ayant plus aucun moyen humain de leur échapper, il les changea en pierres. Cette métamorphose, qui vaut celles d'Ovide, pourra bien ne pas satisfaire les antiquaires ; mais je la préfère aux systèmes suivants, parce que, sans être plus incroyable, elle a l'avantage d'être plus jolie et plus riante.

II° M. de La Sauvagère a cru que César fit élever les pierres de Carnac pour appuyer les tentes de ses soldats, de peur qu'elles ne fussent enlevées par les vents impétueux qui se font sentir sur les côtes. Mais, outre qu'un grand nombre de ces pierres sont trop petites pour appuyer quoi que ce soit, outre qu'elles ont toutes les apparences d'un monument Celtique, outre que les communes voisines sont couvertes d'antiquités qui sont visiblement l'ouvrage des anciens Venètes, César auroit eu moins de peine à construire une ville pour loger ses troupes qu'à tirer des carrières, à transporter et à élever tant de blocs énormes.

III° Dans un mémoire sur les anciennes sépultures, un membre de l'Institut a avancé que Carnac étoit le cimetière des Venètes, et que les alignements de cette commune sont des pierres sépulcrales et rien de plus. Pure conjecture, conjecture sans vraisemblance. Car d'où vient que le cimetière des Venètes se trouve si éloigné de Vennes ? Et si le chef-lieu des Venètes étoit à Loc-Maria-Ker, d'où vient qu'ils choisirent pour enterrer leurs morts un lieu encore si distant de leur capitale, un lieu qui en est séparé par un bras de mer ? Enfin d'où venoit ce grand nombre d'hommes illustres parmi les Venètes ? Car on n'élevoit pas avec peine des tombeaux à des hommes vulgaires.

IV° Un autre a écrit depuis peu que les Venètes, vaincus par César, élevèrent les pierres de Carnac à la suite de la victoire qu'il remporta sur eux au lieu même où nous les voyons aujourd'hui, et pour honorer les braves Venètes qui y avoient perdu la vie. Système aussi chimérique que cette victoire remportée à Carnac, dont on ne trouve pas le moindre vestige dans l'histoire ; système incroyable, qui suppose qu'un peuple, pour éterniser la mémoire de sa défaite, a fait plus d'efforts, a entrepris plus de travaux que les autres n'en exécutent pour conserver le souvenir des plus éclatants triomphes.

L'auteur de ce système y a renoncé et a fait connoître au public que les pierres de Carnac sont les colonnes d'Hercule, fait qui nous seroit fort honorable, s'il n'étoit pas le non plus ultrà *de la singularité.*

L'auteur l'avoue aujourd'hui, et sa troisième opinion est que la projection des lignes de Carnac représente, par ses sinuosités, un immense serpent, qui est l'image de la course oblique du soleil dans l'écliptique. Un système si paradoxal demanderoit des preuves vigoureuses. Pesons celles de cet écrivain.

1° Les alignements de Carnac

offrent des sinuosités comme un serpent. — Cela peut être ; mais on peut en trouver la cause dans le peu de soin que les Celtes prenoient de régulariser leurs ouvrages, ou dans les inégalités du terrain.

2° Pausanias apprit qu'une réunion de pierres brutes, placées sur la route de Thèbes à Glissante, s'appeloit la tête du serpent. — *Cadmus, fondateur de Thèbes, tua un serpent qui avoit dévoré quelques-uns de ses compagnons, et fut lui-même changé en serpent, selon la fable qui étoit l'opinion populaire. Il n'est donc pas étonnant que le serpent paroisse dans les noms propres des environs de Thèbes. Voir là le serpent zodiacal, c'est faire flèche de tout bois.*

3° Le culte du serpent étoit très-répandu parmi les anciens peuples. — Je l'avoue ; mais ce culte ne se bornoit pas au soleil serpentant dans le zodiaque, il s'étendoit aux serpents vivants. Inférer de cette ancienne superstition que le monument de Carnac est la figure de la marche tortueuse du soleil, c'est faire tomber une conclusion des nues.

Si l'auteur de l'archéologie Armoricaine veut que ses recherches soient goûtées du public, il doit, avant d'écrire, se tracer un plan régulier ; se bien garder de jeter pêle-mêle dans ce cadre des idées décousues ou des citations inutiles ; distinguer les preuves solides de certaines lueurs trompeuses qui ne flattent que l'imagination ; rejeter avec courage les rapprochements qui paroissent bizarres ou forcés ; réprimer le penchant qu'il a pour les paradoxes ; bien se convaincre qu'un style vague n'apprend rien, que le remplissage ennuie, qu'il n'y a pas de bon livre sans la précision, qui s'exprime nettement, et sans la concision, qui ne dit rien de trop. En parlant ainsi, je n'ai pas intention de blesser cet écrivain. Il est de son intérêt de connoître les défauts qu'on lui reproche, afin qu'il s'applique à les éviter.

« .... Hœ nugœ seria ducent
In mala derisum semel, exceptumque sinistre. »

(Horat. Art. poét., *v. 451.)*

V° La seule opinion qui me paroisse probable, c'est que les alignements de Carnac sont un temple druidique, comme l'ont pensé Pelloutier, Déric et de La Tour-d'Auvergne.

1° En effet on peut prouver par ce que les anciens écrivains disent de plusieurs nations Celtiques d'origine, ou mêlées avec les Celtes, qu'elles n'avoient pas comme nous des temples couverts, et qu'elles faisoient leurs cérémonies religieuses en plein air.

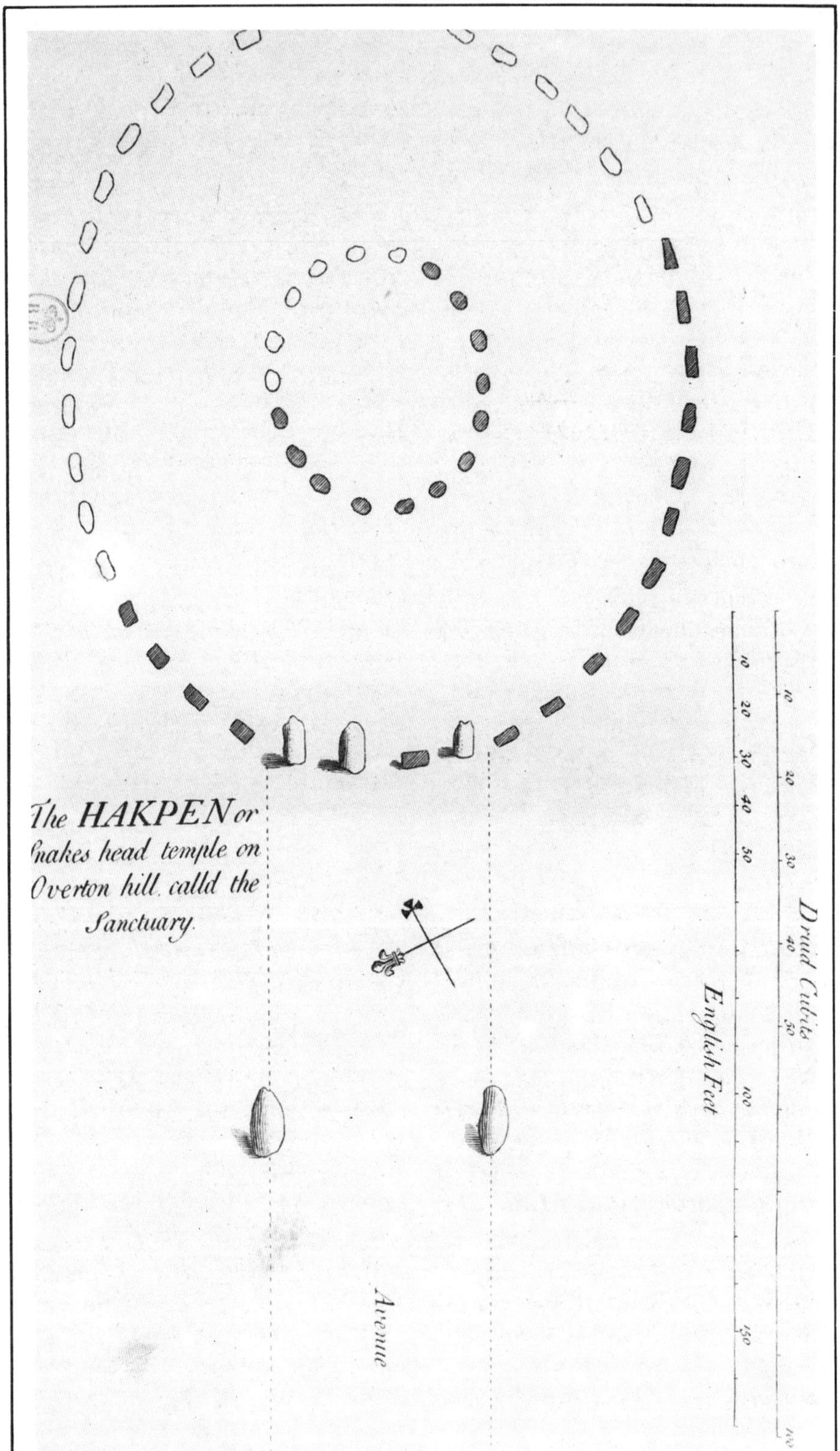
The HAKPEN or
Snakes head temple on
Overton hill, calld the
Sanctuary.
Druid Cubits
English Feet
Avenue

Tacite dit que les Germains ne renfermoient pas les dieux dans l'enceinte des murailles. « Nec cohibere parietibus deos. » *(Germ. cap. 9.)*
2° Au rapport de Cicéron, les Perses pensoient qu'il ne faut pas emprisonner les dieux entre des murs, et que le monde est leur temple et leur demeure. « Quorum hic mundus templum esset ac domus. » *(*De legib., *lib. 2.)*
3° Les temples où les Thraces honoroient un dieu que les Romains confondoient avec leur Mars, n'étoient autre chose que des forêts.

« Hic steriles delubra notat
Mavortia sylvas,
Horrescitque tuens. »*(Statius,* Iheb., *lib. 17, v. 40.)*
4° Les anciens habitans de l'Italie sacrifioient sur le mont Soracte. « In hoc monte cum aliquando Dii Patri sacrificaretur, etc. » *C'est la remarque de Servius sur ce vers :*
« Summe Deum, sancti custos Soractis Apollo. » (Æneïde, *liv. XI, vers 785.)*
5° « Les peuples de la Grande-Bretagne offroient leurs sacrifices dans les forêts. » C'est ce que rapporte Dion. (Liv. III, ch. 16.)
6° Enfin, pour en venir aux Gaulois, Pline dit de leurs Druides qu'« Ils choisissent des bocages de chênes pour y pratiquer leurs cérémonies religieuses. » (Liv. XVI, ch. 44.)
7° On ne voit pas de forêt à Carnac, parce que le voisinage de la mer empêche les arbres d'y prospérer ; mais les alignements y sont placés sur un terrain inculte, et c'est une autre raison de les regarder comme un sanctuaire : car les Celtes ne faisoient point passer la charrue dans les terres qu'ils avoient en vénération.

Les Thraces, peuple Celte, laissoient séparés des lieux vulgaires et n'ensemençoient pas le chemin par lequel Xerxès avoit conduit son armée, parce qu'ils le respectoient. « Viam qua Xerxes duxit exercitum Thraces neque confundunt, neque serunt, sed ad mea usque tempora venerantur. » *(Hérodote, liv. VII.)*

Justin, parlant des habitans de la Galice, dont le nom atteste qu'ils sont descendus des Gaulois, dit que sur les confins de ce pays il y a une montagne sacrée qu'on ne croit pas pouvoir, sans crime, ouvrir avec la charrue. « Sacer mons est quem ferro violari nefas habetur. » *(Lib. 44, cap. 3.)*
8° J'ajoute avec Déric : « Il n'a rien moins fallu qu'un motif aussi puissant que celui de la religion pour faire surmonter les obstacles de toute espèce qui s'opposoient au transport et à l'arrangement de tant de pierres. »

◀*Le « temple » terminal — ou* hakpen *— du dracontium d'Avebury, en Angleterre, selon William Stukeley (XVIIIe siècle).*

La celtomanie vue par Edward King...

*9° Aussi, comme le dit M. de Latour-d'Auvergne : « Une tradition constante parmi les Bretons est que la contrée de Carnac... étoit principalement consacrée au culte que les prêtres Gaulois rendoient à leurs divinités. » (*Orig. Gaul ; *p. 22, en note.)*

10° J'ai observé que les alignements de Carnac sont coupés par des espaces vides où il ne se trouve pas de pierres. Cherchons-en la raison, ce que personne ne s'est encore avisé de faire. Les Druides, non-seulement desservoient les sanctuaires, mais y faisoient leur demeure et y tenoient des collèges. « Ils enseignent, dit P. Mela, beaucoup de choses à la noblesse qu'ils instruisent secrètement en des cavernes et en des forêts écartées. »

« Vous habitez de hautes forêts, dit Lucain aux Druides, et en des lieux écartés.

.......Nemora alta, remotis
Incolitis lucis. » *(Lib. I, vers 453.)*

Puis donc que le monument de Carnac est un sanctuaire, comme l'étoient les forêts Gauloises, il y a lieu de croire que les intervalles vides, qui coupent les lignes des pierres, renfermoient des files de maisons où les Druides habitoient avec leurs familles et leurs nombreux élèves, et où les principaux de la nation qui se rendoient au sanctuaire aux jours de grandes solennités trouvoient des logements préparés.

CULTE DES PIERRES DE CARNAC

Bien plus, les pierres de l'enceinte de Carnac pouvoient elles-mêmes être les objets du culte de nos aveugles ancêtres.

1° Pausanias rapporte que les anciens Grecs, Celtes d'origine, ou très-mêlés avec les Celtes, rendoient des honneurs divins à des pierres blanches.

2° En Phrygie, sur le mont Ida, la terre est honorée sous l'image d'une pierre placée au pied d'un pin.

« Relligiosa silex, densis quam pinus opacat
Frondibus. » *(*Claud. de raptu Pros. *lib. I, v. 210.)*

3° Il y a, dit un concile de Nantes, du septième siècle, en des lieux sauvages et couverts de bois, des pierres auxquelles le peuple rend des hommages (lapides quos in ruinosis locis et silvestribus venerantur). *Il s'oblige par vœu à leur offrir des dons et n'est que trop fidèle à les y apporter* (vota vovent et deferunt). *Il faut les enlever toutes jusqu'à leurs bases qui sont enfoncées dans la terre. (Labbe,* t.IX, p. *474.)*

Voilà, comme on voit, des pierres toutes semblables à celles de Carnac. Pourquoi donc celles-ci n'auroient-elles pas, comme les autres, participé aux honneurs divins ?

4° Voici une preuve analogique qui donne à mon opinion une force additionnelle très-considérable : il est certain que les Celtes se prosternoient stupidement, non-seulement devant des arbres isolés, mais encore devant ceux des forêts qui leur servoient de temples.

J'ai déjà cité les vers où Lucain décrit une forêt druidique et ses autels barbares. Eh bien ! les arbres mêmes de ces bois funestes avoient part aux honneurs des sacrifices, puisqu'ils étoient arrosés de sang humain.

« Omnis et humanis lustrata cruoribus arbor. »

Claudien, dans le panégyrique de Stilicon, loue son héros de ce qu'il a établi la sûreté dans la forêt de Hercinie ; de sorte qu'on peut impunément porter la hache sur ces bois si terribles par les cruelles superstitions qu'on y pratiquoit de toute antiquité, et sur ces grands chênes que les barbares honoroient comme des divinités.

« ....Lucosque vetusta
Religione truces, et robora numinis instar
Barbarici nostrœ feriant impune secures. »
(Lib. I, vers 229.)

Germanicus, visitant le lieu où Varus avoit été défait par les Germains, vit dans les bois voisins les autels où ils avoient immolé les tribuns, et des têtes d'hommes clouées aux troncs des arbres, auxquels ces sacrifices avoient été offerts. « Truncis arborum antefixa ora. » *(Tacite,* Annal, *lib. I, cap. 61.)*

Raisonnons maintenant d'après ces faits. Les forêts étoient les sanctuaires ordinaires des Celtes, et cependant ils rendoient un culte religieux aux arbres mêmes de ces forêts. Ainsi, quoique l'enceinte des pierres de Carnac soit un temple, il est très-vraisemblable que nos ancêtres vénéroient les pierres mêmes qui le composent, eux qui certainement rendoient un culte aux pierres isolées.

5° On se tromperoit si on croyoit que ce culte s'adressoit uniquement aux génies et que les pierres n'y participoient point. L'opinion générale des païens étoit que les génies, auxquels ils donnoient le nom de dieux, venoient s'unir à leurs images qui, par cette union, devenoient leurs corps. Porphyre enseigne que les dieux habitent dans leurs statues : Jamblique avoit fait un ouvrage pour prouver que les idoles étoient remplies d'une substance divine : Proclus dit formellement que les statues attirent à elles les démons ou génies et en contiennent tout l'esprit ; Hermès, cité par saint Augustin, dit que les simulacres visibles et palpables sont comme les corps des dieux : « Ille visibilia et contrectabilia simulacra, velut corpora deorum asserit, autem his quosdam spiritus invitatos, qui valeant aliquid, sive ad nocendum, sive ad desideria eorum nonnulla complenda, a quibus eis divini honores... deferuntur. » (De civ. Dei, *lib. VIII, cap. 23.*)

*Une conséquence de ce système étoit que les images des dieux étoient elles-mêmes des dieux. Aussi Stilpon, accusé d'avoir osé dire que la Minerve de Phidias n'étoit pas un dieu, ne put se justifier qu'en disant, avec escobarderie : « J'ai bien nié que cette statue soit un dieu ; mais je n'ai pas nié qu'elle soit une déesse. » (*Voyez *Diogène Laërce,* dans la *Vie de Stilpon,* et *Bayle,* art. *Stilpon.)*

... et le « druide britannique » imaginé par Stukeley. ▶

A British Druid
Chend

Une autre conséquence étoit que l'image de chaque dieu partageoit avec lui le culte qu'on lui rendoit. Pour s'en convaincre, il n'y a qu'à lire l'histoire de Bel, dans le Prophète Daniel.

« Les Babyloniens avoient une idole nommée Bel, à laquelle on sacrifioit tous les jours... quarante brebis... Le Roi honoroit aussi cette idole, et il alloit tous les jours l'adorer. Mais Daniel adoroit son Dieu, et le Roi lui dit : « Pourquoi n'adorez-vous point Bel ? » Daniel répondit au Roi : « Parce que je n'adore point les idoles qui sont faites par la main des hommes, mais le Dieu vivant... » Le Roi dit à Daniel : « Croyez-vous que Bel ne soit pas un Dieu vivant ? Ne voyez-vous pas combien il mange et combien il boit chaque jour ? » (Daniel, ch. 14.)

On voit par ce récit que les Babyloniens regardoient la statue de Bel comme vivante, comme ne formant qu'une seule personne avec le dieu qui l'animoit, et que leurs adorations se portoient sur ce composé.

Il en étoit ainsi de nos ancêtres. Ils rendoient leurs hommages, non aux images des dieux faits par la main des hommes, car ils les détestoient et les détruisoient partout où ils en trouvoient, ainsi que les temples, mais aux différentes parties de la nature, auxquelles ils croyoient que les génies étoient étroitement unis.

HOMMES SACRIFIÉS A CARNAC

Les Celtes, comme les autres peuples, avoient la barbare coutume d'immoler des victimes humaines à leurs divinités, et les preuves en sont nombreuses.

1° « Les Gaulois, dit César,... ne font pas difficulté d'immoler des hommes..., et pour cela ils se servent des Druides. Pro victimis homines immolant..., administrisque ad ea sacrificia Druidibus utuntur. » (De bello Gall, *lib. VI.)*

2° « Quand les Gaulois sont effrayés, dit Cicéron, ils croient devoir apaiser les dieux par des victimes humaines, et ils profanent par leur sang les temples et les autels (humanis hostiis eorum aras ac templa funestant). *Qui est-ce qui ignore qu'ils ont conservé jusqu'aujourd'hui cette monstrueuse barbarie ? »* (Orat. pro fonteio.)

Cicéron avoit raison de détester une telle inhumanité ; mais il auroit dû songer que les Romains la pratiquoient eux-mêmes, et qu'anciennement elle étoit encore plus commune. Car, dit Denys d'Halicar-

nasse : « On dit que les anciens habitans (d'Italie) avoient coutume d'immoler des victimes humaines à Saturne, comme on fait aujourd'hui parmi les Gaulois. » (Liv. I, ch. 4.)

3° Lucain, parlant d'une forêt sacrée des Druides, dit que tous les arbres en étoient arrosés de sang humain.

« Omnis et humanis lustrata cruoribus arbos. » *(Lib. III, vers 399.)*

Il nous apprend ailleurs que les dieux auxquels on offroit ces horribles sacrifices étoient Teutates, Hesus *et* Taranis.

« Et quibus immitis placatur sanguine diro
Teutates, horrensque feris altaribus Hesus,
Et Taranis Scythicœ non mitior ara Dianœ. »
(Lib. I, vers. 444.)

A ces témoignages on pourroit ajouter ceux de Pline, de Pomponius-Mela, de Suétone, de Plutarque, de Strabon, de Lactance, de Tertullien, de Minitius-Felix, de saint Augustin ; mais les preuves que j'ai données sont plus que suffisantes pour mettre hors de doute la barbarie du culte de nos pères.

La conclusion que j'en tire est affligeante, mais elle est inévitable. Les pierres de Carnac ont souvent été témoins des sacrifices inhumains des Druides, souvent elles ont été rougies du sang de nos semblables.

*Les Empereurs Romains firent de vains efforts pour abolir ces horribles cruautés ; elles recommençoient toujours, et leur entière extirpation est un des nombreux bienfaits dont l'humanité est redevable au Christianisme. Les Gaulois, dit Eusèbe, « ne cessèrent d'immoler des hommes que sous l'Empereur Adrien, lorsque la doctrine de Jésus-Christ commença à éclairer les esprits. » (*Prep. Ev., *liv. IV, ch. 15.)*

L'ENCEINTE DE CARNAC ÉTOIT UN LIEU D'ASSEMBLÉE

Les pierres de Carnac ne formoient pas seulement une enceinte sacrée destinée aux cérémonies religieuses, on devoit aussi y convoquer les assemblées politiques.

1° « Les Druides, dit César, s'assembloient tous les ans dans un lieu consacré, sur les confins du pays Chartrain. Ii, certo anni tempore, in finibus Carnutum... Considunt in loco *consecrato. »* (De bello Gall., *lib. VI, cap. 13.*)

2° Il en étoit de même des Semnonois, peuple Celte de l'Allemagne. « A un temps fixe, dit Tacite, ils s'assemblent par députés dans une fo-

*rêt consacrée par les augures (*mieux *par la religion) de leurs pères et par une antique frayeur. »*

3° « Lorsqu'il s'agissoit de délibérer de la paix ou de la guerre, et des autres affaires qui intéressoient le bien commun de la nation, tous les cantons d'un même peuple se réunissoient, par leurs députés, dans le sanctuaire le plus renommé du pays. » (Pelloutier, t. VII, p. 123.)

*4° « C'est dans les principaux sanctuaires, dit Déric, que se tenoient les assemblées générales de chaque peuple (Gaulois) : quelquefois même plusieurs nations y étoient convoquées pour délibérer sur le bien commun. Le temple du pays Chartrain servit souvent à ces sortes de diètes. » (*Hist. eccl. de Bret ; *t. IV, p. 532.)*

Il y a donc tout lieu de croire que l'enceinte des Peulvans de Carnac servoit aux assemblées politiques des anciens Venètes, pour ne pas dire de tous les Armoricains, et par conséquent que la célèbre résolution de secouer le joug des Romains, et de former une ligue contre César, fut prise à l'ombre de ces pierres.

5° Dans la coutume qu'avoient les Venètes de s'assembler à Carnac, pour délibérer sur les affaires d'Etat, je trouve une nouvelle preuve qu'on y a souvent immolé des hommes.

« Les Gaulois, dit un historien, pratiquent quelque chose d'extraordinaire et d'incroyable quand il s'agit de délibérer sur des affaires extrêmement importantes. On immole alors un homme, que le devin frappe d'une épée au-dessus du diaphragme, pour juger de l'avenir, tant par la manière dont la victime tombe à terre que par la palpitation de ses membres. Il observe de quelle manière le sang coule. Les Gaulois ajoutent aveuglément foi à cette superstition qui est ancienne parmi eux. » (Diodore de Sicile, liv. V.)

Tacite, après avoir raconté que les Semnonois s'assembloient dans leur sanctuaire, ajoute: « Ils ouvrent par l'immolation publique d'un homme, les horribles cérémonies de cette superstition barbare. Coëunt, cœsoque publice homine, celebrant barbari ritus horrenda primordia. » *(*Germ., *cap. 39.)*

6° Je finirai cet article par un fait singulier. Il y a dans la Thébaïde une longue allée de sphinxs dans un lieu nommé Karnak. Cette conformité de nature et de nom entre une antiquité Egyptienne et un monument Armoricain fera croire à quelqu'un que les Bretons sont une colonie Egyptienne. Pour moi, qui me défie des rapprochements isolés, et qui n'aime pas à bâtir un système sur la pointe d'une aiguille, je crois que cette conformité est une rencontre fortuite.

1827

LES ALIGNEMENTS SELON LE CHEVALIER DE FRÉMINVILLE[1]

Plus je m'avançais vers Karnac, plus les monumens Celtiques devenaient fréquens. Un nouveau Dolmen s'offrit à mes regards sur le sommet d'un monticule ; mais les premiers missionnaires chrétiens l'avaient bouleversé en s'efforçant de le détruire. Tout auprès, une croix de pierre d'une forme très-ancienne était érigée sur un socle en maçonnerie sèche et attestait aux fidèles le triomphe de la religion chrétienne sur le paganisme. Nous rencontrerons fréquemment dans le cours de cet examen des antiquités de la Bretagne, des monumens chrétiens érigés sur les ruines de ceux du Druidisme, ou qui, placés près d'eux, semblent faire recevoir à l'image du Christ, de la Vierge ou d'un Saint, l'offrande et les adorations que le paysan Breton rend par tradition et comme sans s'en douter à une pierre Celtique, à une fontaine sacrée, à un vieux chêne, objets vénérés du culte de ses pères. La croix dont il s'agit ici est d'une forme singulière et sûrement d'une haute ancienneté ; je l'ai fait graver dans le recueil des Mémoires *de la Société royale des Antiquaires de France.*

A chaque pas, le pays inculte que je parcourais m'offrait de nouvelles matières d'observer et de réfléchir ; j'étais près des monumens de Karnac, une colline que j'allais gravir, s'élevait encore entr'eux et moi : elle m'en dérobait la vue. Sur ses flancs bruns, la masse grise d'un Dolmen se présenta de nouveau sur ma gauche, tandis qu'à ma droite, la façade du château du Lac, se détachant sur un rideau formé d'un bois de pins, m'offrait le contraste du résultat de la perfection des arts avec celui de leur enfance. En m'approchant des pierres brutes du monument Celtique, je vis qu'elles avaient aussi subi les ravages de la main des hommes et que la plupart avaient été dérangées. Je n'en fais mention, ainsi que de beaucoup d'autres qui se trouvent dans le même cas, que pour faire voir combien ces monumens sont multipliés dans cette partie de l'Armorique ; ce qui paraît indiquer

1. Fréminville, *Antiquités de la Bretagne*, 1827.

Le chevalier de Fréminville au dolmen de Kerroch.

qu'elle fut de très-ancienne date une des plus peuplées, et ses habitans une des tribus les plus puissantes des Gaules.

Parvenu au sommet de la colline, la plaine de Karnac s'offrit tout-à-coup à mes regards avec ses bruyères sauvages, son horizon bordé de bois de pins, et surtout avec cette phalange de pierres, cette surprenante armée de rochers informes, mais symétriquement alignés, dont l'aspect extraordinaire me frappa d'étonnement.

Rien ne présente en effet un spectacle plus étrange, plus singulier, plus grand, que l'assemblage de ces monumens aussi grossiers que gigantesques ; on leur cherche vainement quelque terme de comparaison ; on ne peut en trouver, et l'observateur est forcé de s'avouer, qu'aucun objet connu, aucun de ceux dont il a pu se former l'idée, ne ressemble ici à ce qu'il a sous les yeux. Le nombre de ces pierres, leurs figures bizarres, l'élévation de

L'auteur au même endroit, 140 ans plus tard.

leurs pointes grises, allongées et mousseuses, qui se dessinent d'une manière tranchante sur la noire bruyère dont la plaine est couverte, enfin la silencieuse solitude qui les environne, tout frappe, tout étonne l'imagination, tout pénètre l'âme d'une vénération mélancolique pour ces antiques témoins des événements qui signalèrent tant de siècles accumulés sur leur tête.

D'un peu loin cependant, ces grandes pierres plantées debout apparaissent au voyageur comme l'assemblage informe des ruines d'une grande ville. Mais lorsqu'en approchant on remarque la disposition régulière de leurs masses brutes et couvertes de mousse, elles perdent cette apparence pour prendre celle d'une cohorte de géans pétrifiés. Essayons par une description exacte des monumens de Karnac de les faire bien connaître. Je les avais déjà visités en 1811 ; mais cette fois, trois journées entières employées à les observer, les dessiner et en lever le plan, m'ont mis à même d'en parler avec exactitude.

Ces monumens, situés dans une vaste lande, à un quart de lieue du bourg de Karnac, consistent en plus de douze cents énormes pierres brutes, rangées en ligne droite sur onze files parallèles, et s'étendant du sud-est au nord-ouest sur une longueur de sept cent soixante-trois toises et une largeur de quarante-sept toises. A la tête des files, c'est-à-dire vers l'extrémité nord-ouest, contre la métairie du Menec, est un demi-cercle formé de pierres semblables, qui part de la première file et va se terminer à la onzième ; de sorte que la perpendiculaire à la direction des alignemens forme son diamètre. Ce demi-cercle qui traverse la métairie est composé de dix-huit pierres.

La majeure partie, ou si l'on veut, les trois quarts environ des pierres qui composent le bizarre assemblage des monumens de Karnac, sont de véritables Men-hirs *ou pierres plantées verticalement en terre, et dont les hauteurs varient autant que les formes. Les plus élevées ont dix-huit à vingt pieds de haut, beaucoup ont dix ou douze pieds, quelques-uns seulement quatre à cinq. D'autres enfin sont de gros blocs simplement posés sur le sol, mais dont la masse est si énorme que, d'après le cubage, on évalue leur poids à soixante-dix ou quatre-vingt milliers.*

Quoique toutes ces pierres soient d'un granit fort dur, elles sont comme rongées par le temps ; leurs fissures, leurs accidens divers, la mousse ou plutôt les lichens d'un vert pâle dont leurs sommets sont couverts, leur donnent l'aspect le plus étrange. Ce qu'il y a de fort singulier, c'est qu'un grand nombre de celles qui sont plantées en terre, le sont pour ainsi dire la pointe en bas, c'est-à-dire que leur volume est infiniment plus considérable à leur sommet qu'à leur base et qu'elles paraissent portées comme sur pivot. Cette particularité me paraît intentionnelle de la part de ceux qui les ont érigées, car il paraîtrait que naturellement on eût dû asseoir ces pierres sur leur extrémité la plus pesante et la plus massive, afin de leur donner plus de stabilité ; mais il est impossible de deviner quelle fut cette intention et quel en fut l'objet.

La main de l'homme, qui seconde et hâte souvent trop bien les efforts destructeurs du temps, a malheureusement renversé un grand nombre des pierres de Karnac ; ce nombre était autrefois bien plus considérable qu'il n'est aujourd'hui, puisque du temps de M. de La Sauvagère, c'est-à-dire il y a environ soixante-cinq ans, il s'élevait à quatre mille. On en a abattu et employé beaucoup pour des constructions modernes. Dans plusieurs endroits même ces dévastations ont eu lieu au point que les files sont interrompues et séparées par d'assez grands intervalles. Mais on les retrouve toujours à quelque distance dans la même direction et parfaitement coïncidentes, jusqu'à ce qu'enfin elles se terminent au sud-est au-delà du moulin de Kervarv, en se dirigeant vers la Trinité. Un peu à droite de la première file de pierres, et près du moulin de Kervarv, est un Dolmen assez considérable, mais dont les pierres ont presque toutes été dérangées. A droite de ce Dolmen, et en revenant vers le bourg de Karnac, est une Tombelle très-considérable et composée, comme celles que j'avais vues à Locmariaker, de pierres grosses comme des pavés, amoncelées les unes sur les autres. Sur cette colline factice fut érigée dans des temps plus modernes une petite chapelle dédiée à saint Michel, et à côté une baraque pour les guetteurs des signaux de côte.

Enfin près de la tombelle, au milieu d'un petit bouquet d'arbres, est une de ces fontaines sacrées, encore aujourd'hui même, objets du culte superstitieux de nos paysans bretons.

Telle est la description des monumens de Karnac, que la figure et le plan que nous en donnons achèveront de faire mieux connaître. Après les avoir observés avec attention, on en vient naturellement à faire cette question : Pourquoi cette immense quantité de pierres énormes, rassemblée régulièrement en ce lieu et érigée sans doute avec des peines et des travaux infinis, vu leur grand nombre et leur prodigieuse pesanteur ?

Ici s'offre le vaste champ des conjectures ; les historiens de l'antiquité sont muets ; aucune inscription ne paraît, aucune sculpture, aucun vestige de l'art ne se présentent pour vous guider. Quelques traditions affaiblies par des milliers d'années peuvent vous donner, il est vrai, quelques indices vagues ; mais pour les saisir, il faudrait à l'observateur une grande sagacité, une étude préalable et approfondie de la langue, des mœurs et des antiquités Celtiques : surtout, il faut écarter cette prévention ridicule qui porte tant de gens à attribuer de prime abord aux Romains tous les monumens antiques.

Plusieurs auteurs ont écrit sur les monumens de Karnac et tenté de les expliquer. Le premier qui ait exprimé son opinion à leur égard est M. de La Sauvagère, officier du génie. Il n'a pas manqué d'y voir tout de suite les restes d'un camp romain ; toutes ces pierres, selon lui, ont été érigées pour servir d'appuis aux tentes et les mettre à l'abri du vent. *Avouons-le ici de bonne foi et sans prévention, il faut être bien aveuglé, par ce que j'appelle la manie des Romains, pour trouver du rapport entre les monumens de Karnac et les débris d'un de leurs anciens camps. La castramétation romaine nous est parfaitement connue, a-t-elle jamais offert rien de semblable ? Voit-on rien de pareil ou même d'approchant dans les stations romaines dont il nous reste encore en France un grand nombre de débris ? M. de La Sauvagère prétend que ces pierres étaient ainsi élevées pour abriter des tentes ; il n'a pas réfléchi que l'installation d'un pareil camp, l'érection de tant de masses énormes eussent coûté plus de travaux, de temps et de peine que l'édification d'une ville tout entière. Or il est certain que les Romains ne firent pas un long séjour dans les parties de la Bretagne qui constituent aujourd'hui le Finistère et le Morbihan.*

M. de La Sauvagère appuie son opinion sur une tradition du pays qui, dit-il, a conservé à ces pierres alignées le nom de camp de César. *J'ai fait à ce sujet et sur les lieux même beaucoup de recherches, et j'avoue que je n'ai point entendu parler de cette tradition ; je puis du moins assurer que si elle existe, ce n'est point parmi les habitans des campagnes, seuls vrais dépositaires des vieilles traditions locales, de celles qui sont relatives aux annales du sol patriotique.*

Latour-d'Auvergne, dans ses Origines gauloises, *rendit un des premiers les monumens de Karnac à leur véritable origine Celtique. Il oppose à M. de La Sauvagère « qu'un pareil ouvrage n'entra jamais dans la manière de se fortifier des anciens ni des modernes ; les Romains retranchaient leurs camps avec des épaulemens de terre, des palissades, des chausses-trapes, des puits en avant de leurs lignes, des abatis d'arbres, etc. Telles furent les règles de castramétation observées par les anciens ; l'histoire en fournit plusieurs exemples ».*

Le même auteur s'exprime encore ainsi en parlant des pierres de Karnac :

« La main de l'homme est si faible, et ces monumens sont si

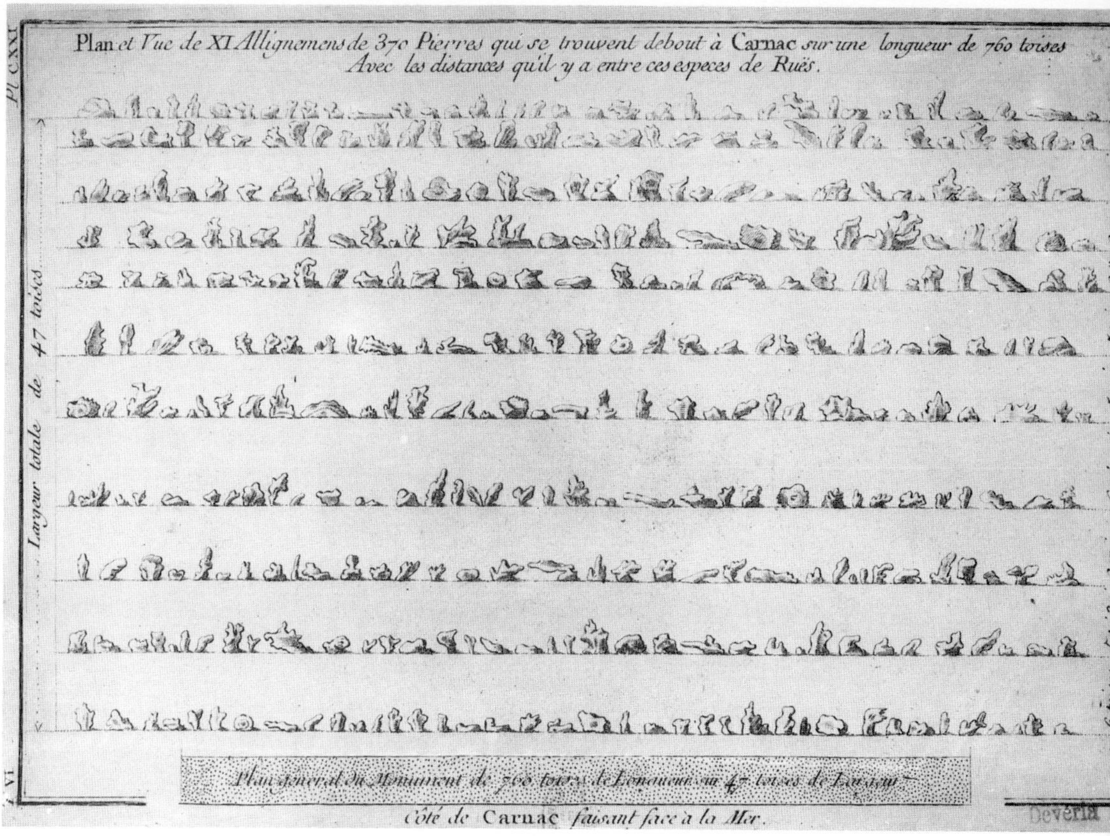

Carnac ou l'ordre mégalithique,
gravure de la seconde moitié du XVIIIe siècle.

étonnans, que le premier sentiment qu'on éprouve en les voyant est d'y faire intervenir un peu de magie, et d'augmenter les choses surnaturelles d'une découverte de plus. Le temps, aux ravages duquel rien n'échappe, semble avoir pris plaisir à conserver contre ses propres injures ces précieux monumens de l'antiquité, qui, malgré leur simplicité, feront encore dans vingt siècles l'étonnement et l'admiration des hommes. » Comme militaire et comme antiquaire éclairé, le sentiment du premier grenadier de France doit être ici d'un grand poids ; il est appuyé par celui d'une autorité non moins respectable sous ces deux points de vue : celui du comte de Caylus. Voici comme il s'exprime en parlant des monumens de Karnac :

« La dénomination de camp de César, *sur laquelle s'étaye M. de La Sauvagère, ne*

prouve absolument rien. Les peuples de nos provinces ont contracté depuis long-temps l'habitude de donner ce nom à tout ce qui a rapport à la guerre et qui leur paraît ancien.

« L'arrangement de ces pierres ne présente pas la disposition, je ne dis pas d'un camp romain, mais de quelque camp que ce soit, puisque les lignes d'enceinte ont plus de vide que de plein, et que les intervalles à peu près égaux sont disposés en quinconce.

« De plus, on n'a jamais fait des efforts semblables pour abriter des tentes contre la force du vent, comme le prétend l'auteur (M. de La Sauvagère) ; quelques travaux que les Romains fussent dans l'habitude de faire pour camper, ils n'ont jamais laissé rien de pareil.

« Je soutiens même sans crainte d'être contredit, qu'il leur aurait été impossible de faire un pareil ouvrage, qui d'ailleurs ne présente ni la forme ni la disposition qu'ils mettaient à leurs camps. »

Je crois qu'il serait superflu de rien ajouter aux raisonnemens de ces deux célèbres archéologues pour démontrer que l'élévation des monumens de Karnac n'est pas l'ouvrage des Romains : la chose nous paraît prouvée jusqu'à l'évidence ; mais il nous reste à réfuter l'opinion d'un auteur plus moderne, laquelle est selon nous encore plus étrange que celle de M. de La Sauvagère.

Cet auteur, que nous avons déjà eu occasion de citer, prétend que cet étonnant assemblage de pierres plantées est l'ouvrage des Phéniciens ou même des Egyptiens. Il se fonde surtout sur l'identité du nom de Karnac en Bretagne avec le palais de Karnac *dans les ruines de Thèbes en Egypte. Il trouve de grands rapports entre nos alignemens de pierres brutes et les merveilles architecturales du palais de Thèbes, particulièrement avec la fameuse avenue des sphinxs que l'on y remarque.*

Nous avons déjà exposé dans la première partie de cet ouvrage les motifs qui nous font considérer comme un paradoxe un sentiment si dénué de vraisemblance. Nous pourrions au plus l'admettre si l'on trouvait en Egypte ou en Phénicie un seul *monument de pierre brute pareil à ceux de notre Bretagne ; mais il n'en existe aucun ; et du reste, pour trouver du rapport entre les pierres du Karnac armoricain et les sphinxs du Karnac de Thèbes, il faut se monter l'imagination à un degré que la nôtre ne peut pas atteindre.*

Nous ne pouvons disconve-

nir de la parfaite identité des deux noms de Karnac *donnés à de grands monumens très-différens d'ailleurs, et situés dans deux contrées si éloignées l'une de l'autre. C'est un hasard bien singulier sans doute, quoiqu'il ne soit pas sans exemples dans les différentes langues primitives, qui étant en général très-monosyllabiques, peuvent offrir nombre de consonances semblables, sans que pour cela dans ces diverses langues, les mêmes idées se rattachent aux mêmes mots. Mais dans tous les cas, peut-on, d'après un fait si étrange et si isolé que l'identité de ces deux noms de Karnac, entreprendre de faire prévaloir un système si contraire à toute vraisemblance historique, que celui par lequel on prétend faire descendre les Bas-Bretons des Egyptiens ?*

J'avoue que je ne conçois pas cette manie invétérée parmi les antiquaires de vouloir toujours aller chercher nos origines chez des nations étrangères, chez les peuples les plus éloignés. Eh ! ne pouvons-nous donc comme eux avoir eu notre histoire particulière, nos lois, nos mœurs, nos usages nationaux ? Faut-il donc torturer le bon sens, martyriser la vraisemblance, pour aller en chercher les sources chez les peuples du midi et de l'orient ? Pourquoi cette opiniâtreté fatiguante ? Est-ce pour faire rejaillir sur la France une portion de l'éclat, que par l'effet d'un prisme souvent menteur, on accorde à l'histoire des anciens ? La France n'en a pas besoin. Que l'on parcoure les pages de ses annales, qu'on les compare à celles de l'Egypte, de la Grèce et de ces éternels Romains ; tout homme impartial avouera que cinquante années de notre histoire de France offrent plus de hauts faits, plus d'actions héroïques et généreuses, plus de noms justement glorieux, en un mot, que quatre siècles de l'histoire romaine.

Cette histoire enfin, que nous offre-t-elle donc de si beau, de si digne de cet enthousiasme exclusif chez tant de personnes ? Des républicains féroces, avides de pillage, de sang et de carnage, sans foi dans leurs traités, sans pitié pour les vaincus, tuant même de sang-froid leurs pères, leurs épouses, leurs enfants. Voilà leurs vertus ; ou bien des empereurs, cruels avec raffinement, noyés dans la débauche la plus infâme, et se livrant impunément aux atrocités les plus odieuses, aux folies les plus délirantes.

Quant aux Egyptiens, aucun fait historique, aucune tradition même, ne donne le moindre indice de leur communication avec les Celtes.

Si les Phéniciens en eurent quelquefois, si dans les voyages qu'on suppose qu'ils faisaient en Cornouailles, et même plus loin vers le nord, pour y chercher de l'étain, ils ont fait quelques relâches dans les ports de l'Armorique, est-ce une raison de croire qu'ils y aient apporté et généralisé leur religion, leur langue et leurs arts ? Les rares et courtes apparitions de quelques marchands isolés peuvent-elles avoir eu une si grande influence sur une nation déjà ancienne, très-étendue, et dont le culte, le langage et les arts grossiers étaient déjà consacrés par une longue suite de siècles ?

Un autre auteur encore, feu M. de Cambry, a publié un ouvrage relatif aux monumens de Karnac ; il ne juge pas à propos, il est vrai, de les attribuer à des peuples étrangers ; il consent qu'ils soient Celtiques ; mais il veut en faire un thème céleste, *un monument astronomique ; c'est, dit-il, un* zodiaque. *Il prétend que chacune des files de pierres en représente un signe. Une circonstance qui en eût embarrassé un autre, c'est qu'il y a douze signes au zodiaque, et qu'il n'y a que onze alignemens de pierres à Karnac. Mais M. de Cambry a tranché net la difficulté en prétendant, je ne sais sur quel fondement, qu'il n'y avait que onze signes au zodiaque des anciens Gaulois.*

Les figures gravées dans cet ouvrage sont très-inexactes ; mais les dissertations étymologiques qui s'y trouvent en grand nombre, et qui sont dues à M. Eloi Johanneau, sont d'un grand intérêt et méritent de fixer l'attention de tous les amateurs de la langue et des antiquités Celto-Bretonnes.

Après avoir exposé relativement aux pierres de Karnac les différentes opinions des auteurs qui en ont traité, qu'il me soit permis de hasarder la mienne à mon tour.

Les anciennes traditions des peuples du nord de l'Europe, et surtout l'expérience de beaucoup de fouilles, se réunissent pour démontrer que les Menhirs *ou longues pierres brutes, plantées isolément, sont presque toujours des tombeaux, des monumens funèbres. Pourquoi des pierres analogues, rassemblées en si grand nombre à Karnac, n'auraient-elles pas eu une semblable destination ?*

Je l'avouerai, la première idée qui me frappa, à l'aspect des pierres alignées de Karnac, fut celle d'un vaste cimetière, et je pensai que chacune de ces pierres marquait une sépulture. Je crus que ces monu-

mens avaient été érigés pour consacrer le souvenir de guerriers tués dans une grande et mémorable bataille.

Deux dénominations locales très-remarquables vinrent confirmer mon sentiment ; à la tête des files au nord-ouest est une métairie bâtie sur un terrain qui porte le nom de Menec, *ce qui signifie en Celto-Breton, mémoire, souvenir ; et plus loin au sud-est, à droite de la première file et tout contre ses pierres, est un autre champ appelé* Kervarv, *lieu de la mort. Je crois que si ces faits ne sont pas concluans, ils donnent au moins une grande vraisemblance à la destination funéraire et commémorative des monumens de Karnac.*

Je ne suis pas le premier qui les ait envisagés sous ce point de vue. M. le président de Robien, homme fort instruit, et qui s'est spécialement occupé des antiquités de son pays, regarda aussi les pierres de Karnac comme des tombeaux des anciens Celtes. Malheureusement, ce savant, aussi modeste que respectable, n'a point publié son ouvrage sur les antiquités bretonnes, dont le manuscrit est déposé à la bibliothèque de la ville de Rennes.

Mais il y a bien plus, l'archevêque d'Upsal, Olaüs Magnus, qui a observé dans la Suède et dans la Gothie nombre de monumens analogues à ceux de Karnac, les désigne positivement comme des tombeaux, d'après les vieilles traditions de son pays. Or il faut observer qu'Olaüs Magnus écrivait au seizième siècle, époque à laquelle, dans le nord surtout, les traditions populaires n'étaient presque point altérées. Voici comme il s'exprime au sujet des groupes de pierres plantées et disposées symétriquement.

Rectoque longo ordine videlicet pugilum certamina, quadrato turmas bellantium et spherico familiarium designantia sepulturas, ac cuneato equestrium ac pedestrium acies ibidem vel propè fortunatius triumphasse.

Ce qui veut dire que « lorsque les pierres sont plantées sur une seule et longue ligne droite, elles marquent les sépultures de guerriers qui sont morts en se battant en duel ; celles qui sont disposées en carré sont consacrées à ceux qui périrent dans une mêlée ; celles qui sont rangées circulairement sont des sépultures de famille ; enfin celles qui sont disposées en coin, ou sur un ordre angulaire, sont les tombeaux des cavaliers ou même des gens de pied, surtout de ceux dont le parti avait triomphé ».

Ces assertions positives, d'un auteur connu par sa véracité, sont fondées sur des traditions encore intactes à l'époque où il vivait, et sur l'expérience de plusieurs fouilles. Elles viennent appuyer le sentiment de M. de Robien, qui dit en parlant de la plaine de des antiquités de Cornouailles, a observé dans cette contrée des pierres plantées et alignées comme celles de Karnac. Il dit que « les tombeaux des simples soldats étaient disposés sur le champ de bataille à l'endroit où ils avaient combattu : on les y reconnaît encore, ils sont

DE LE GENTI SETTENTRIONALI

De gli obelischi da guerra, de' Gothi, e de' sassi da loro dirizzati. Cap. XXIX.

LIBRO PRIMO.

De gli obelischi de i Sepolchri. Cap. XXX.

Les « obélisques » d'Olaüs Magnus, édition italienne de 1565.

Karnac et de ses monumens : « Serait-ce un champ de bataille où se fût donné un combat signalé, et où l'on eût voulu consacrer la mémoire de ceux qui y avaient péri ? »

Le docteur Borlase, que nous avons déjà cité comme auteur rangés en ligne droite comme le front d'une armée dans les plaines qui ont été le théâtre de quelques grandes actions ».

Mais aucune contrée n'offre plus de monumens analogues que le nord de la Russie. Le célèbre Pallas dit qu'il en ren-

contrait quelquefois en si grand nombre dans ce pays, que de loin il les prenait pour des troupeaux. Il exécuta plusieurs fouilles sous ces pierres qu'il appelle pierres sépulcrales, *et l'on peut voir dans l'atlas de son voyage les figures des divers objets que dans ses fouilles il a trouvé confondus avec des squelettes humains : ce sont des lances, des poignards, des flèches, des garnitures de selles et de brides de chevaux, des ornemens d'or, d'argent, etc. « Ce n'est, dit-il, qu'aux angles des fosses que se trouvent plantées une ou deux pierres sépulcrales ; les fosses qui ont les plus hautes pierres ne sont pas pour cela les plus vastes.* Il y en a qui ont à leurs angles une haute pierre plantée comme une colonne. » *(Pallas,* Voyage en Russie et en Sibérie, *t. VI, p. 243.)*

D'après tout ce que nous venons de rapporter, on voit que la destination des pierres alignées de Karnac peut s'expliquer tout simplement, tout naturellement, d'après des faits et des témoignages authentiques, sans qu'il soit besoin de déployer le vain étalage du fatras de citations hébraïques, grecques et latines d'un pédant de collège, et surtout sans que par une subversion absolue de toute vraisemblance, on aille leur chercher une origine à Thèbes, à Memphis ou à Tyr.

Nous terminerons donc cet article en concluant que nous regardons comme MM. de Robien, Borlase et Pallas, les pierres brutes alignées, et ici celles de Karnac, comme les tombeaux de guerriers tués dans une bataille mémorable, et dont le succès était d'une importance extrême.

1858

FLAUBERT ET LA « CHASTE IMPUDEUR DE LA SCIENCE »[1]

Le champ de Carnac est un large espace dans la campagne, où l'on voit onze files de pierres noires, alignées à intervalles symétriques et qui vont diminuant de grandeur à mesure qu'elles s'éloignent de la mer. Cambry soutient qu'il y en avait quatre mille et M. Fréminville en a compté douze cents. Ce qu'il y a de sûr, c'est qu'elles sont nombreuses.

A quoi cela était-il bon ? Sont-ce des tombeaux ? Etait-ce un temple ? Un jour, saint Cornille, poursuivi sur le rivage par des soldats, allait tomber dans le gouffre des flots, quand il imagina de les changer tous en autant de pierres, et les soldats furent pétrifiés. Mais cette explication n'était bonne que pour les

1. Flaubert, *Des pierres de Carnac et de l'archéologie celtique,* L'Artiste, 18 avril 1858.

niais, pour les petits enfants et pour les poëtes, on en chercha d'autres.

Au XVIe siècle, Olaüs Magnus, archevêque d'Upsal (et qui, exilé à Rome, composa sur les antiquités de sa patrie un livre fort estimé partout, si ce n'est dans ce pays même, la Suède, où il n'eut pas un traducteur), avait découvert que « quand les pierres forment une seule et longue file droite, c'est qu'il y a dessous des guerriers morts en se battant en duel ; que celles qui sont disposées en carré sont consacrées à des héros ayant péri dans une bataille ; que celles qui sont rangées circulairement sont des sépultures de famille, et que celles qui sont disposées en coin ou sur un ordre angulaire sont les tombeaux des cavaliers, ou même des fantassins, ceux surtout dont le parti avait triomphé ». Voilà qui est clair ; mais Olaüs Magnus a oublié de nous dire comment s'y prendre pour enterrer deux cousins, ayant fait coup double, dans un duel, à cheval. Le duel voulait que les pierres fussent droites ; la sépulture de famille exigeait qu'elles fussent circulaires ; mais comme il s'agissait de cavaliers, on devait les disposer en coin, prescription, il est vrai, qui n'était pas formelle, puisqu'on n'employait ce système que « pour ceux surtout dont le parti avait triomphé ». O brave Olaüs Magnus ! vous aimiez donc bien fort le Monte-Pulciano ? Et combien vous en a-t-il fallu de rasades pour nous apprendre toutes ces belles choses !

Selon un certain docteur Borlase, Anglais, qui avait observé en Cornouailles des pierres pareilles, « on a enterré là des soldats à l'endroit même où ils avaient péri » ; comme si d'habitude on les charriait au cimetière ! Et il appuie son hypothèse sur cette comparaison : « Leurs tombeaux sont rangés en ligne droite tels que le front d'une armée, dans les plaines qui furent le théâtre de quelque grand exploit ».

Puis on alla chercher les Grecs, les Egyptiens et les Cochinchinois ! Il y a un Carnac en Egypte, s'est-on dit, il y en a un en basse Bretagne. Or il est probable que le Karnac d'ici descend du Carnac de là-bas ; cela est sûr ! car là-bas ce sont des sphinxs, ici, des blocs ; des deux côtés c'est de la pierre, d'où il résulte que les Egyptiens (peuple qui ne voyageait pas) sont venus sur ces côtes (dont ils ignoraient l'existence), y auront fondé une colonie (car ils n'en fondaient nulle part) et qu'ils auront laissé ces statues brutes (eux qui en faisaient de si *belles), témoignage positif de leur passage (dont personne ne parle).*

Ceux qui aiment la mythologie ont vu là les colonnes d'Hercule ; ceux qui aiment l'histoire naturelle y ont vu une représentation du serpent Python, parce que, d'après Pausanias, un amas de pierres semblables sur la route de Thèbes à Elissonte s'appelait la Tête du serpent, *« et d'autant plus que les alignements de Carnac offrent des sinuosités comme un serpent ». Ceux qui aiment la cosmographie ont vu un zodiaque comme M. de Cambry, qui a reconnu dans ces onze rangées de pierres les douzes signes du zodiaque, « car il faut dire, ajoute-t-il, que les anciens Gaulois n'avaient que onze signes au zodiaque ».*

Ensuite, un membre de l'Institut a conjecturé « que ce pouvait être bien le cimetière des Venètes », qui habitaient Vannes à six lieues de là, et lesquels fondèrent Venise, comme chacun sait. Un autre a écrit que ces bons Venètes, vaincus par César, élevèrent tous ces blocs, uniquement par esprit d'humilité et pour honorer César. Mais on était las du cimetière, du serpent et du zodiaque ; on se mit en quête, et l'on trouva un temple druidique.

Le peu de documents que nous ayons, épars dans Pline et dans Dion Cassius, s'accordent à dire que : les druides choisissaient pour leurs cérémonies des lieux sombres, le fond des bois « et leur vaste silence ». Aussi, comme Carnac est au bord de la mer, dans une campagne stérile, où jamais il n'a poussé autre chose que les conjectures de ces messieurs, le premier grenadier de France, qui ne me paraît pas en avoir été le premier homme d'esprit, suivi de Pelloutier, et de M. Mahé (chanoine de la cathédrale de Vannes), a conclu « que c'était un temple des druides, dans lequel on devait aussi convoquer les assemblées politiques ».

Tout, cependant, n'était pas fini, et il fallait démontrer un peu à quoi servaient dans l'alignement les espaces vides. « Cherchons-en la raison, ce que personne ne s'est avisé de faire », s'est écrié M. Mahé ; et, s'appuyant sur une phrase de Pomponius Méla : « Les druides enseignent beaucoup de choses à la noblesse, qu'ils instruisent secrètement en des cavernes et en des forêts écartées » et sur cette autre de Lucain : « Vous habitez de hautes forêts », il établit en conséquence que les druides, non-seulement desservaient les sanctuaires, *mais y faisaient leur demeure, et y tenaient des collèges : « Puis, donc, que le monument de Carnac est un sanctuaire comme l'étaient les forêts gauloises (ô puissance de l'induction, où pousses-tu le Père Mahé, chanoine de Vannes et correspondant de l'Académie d'agriculture de Poitiers !), il y a lieu de croire que les intervalles vides qui coupent les lignes de pierres renfermaient des files de maisons, où les druides habitaient avec leur famille et leurs nombreux élèves, et où les principaux de la nation, qui se rendaient au sanctuaire aux jours de grande solennité, trouvaient des logements préparés. » Bons druides ! excellents ecclésiastiques ! comme on les a calomniés ! Eux qui habitaient là, si honnêtement, avec leur famille et leurs nombreux élèves, et qui même poussaient l'amabilité jusqu'à préparer des logements pour les principaux de la nation !*

Mais un homme, enfin, un homme est venu, pénétré du génie des choses antiques, et dédaigneux des routes battues.

Il a su reconnaître, lui, les restes d'un camp romain, et précisément d'un camp de César, qui n'avait fait élever ces pierres que pour servir d'appui aux tentes de ses soldats et les empêcher d'être emportées par le vent. *Quelles bourrasques il devait y avoir autrefois sur les côtes de l'Armorique !*

Le littérateur honnête qui retrouva, pour la gloire du grand Julius, cette précaution sublime (ainsi restituant à César ce qui jamais n'appartint à César), était un ancien élève de l'Ecole polytechnique, un capitaine de génie, le sieur de La Sauvagère !

L'amas de toutes ces gentillesses constitue ce qu'on appelle l'ARCHÉOLOGIE CELTIQUE, dont nous allons immédiatement vous découvrir les arcanes :

Une pierre posée sur d'autres se nomme un dolmen, *qu'elle soit horizontale ou verticale. Un rassemblement de pierres debout et recouvertes au sommet par des dalles consécutives, formant ainsi une série de dolmens, est une* grotte aux fées, roche aux fées, table des fées, tables du diable, *ou* palais des géants ; *car, semblables à ces bourgeois qui vous servent un même vin sous des étiquettes différentes, les celtomanes, qui n'avaient presque rien à vous offrir, ont décoré de noms divers des choses pareilles.*

Quand ces pierres sont rangées en ellipse, sans aucun chapeau sur les oreilles, il faut dire : « Voilà un cromlech » ; *lorsqu'on aperçoit une pierre étalée horizontalement sur deux autres verticales, on a affaire à un* lichaven *ou* trilithe. *Parfois deux blocs énormes sont superposés l'un sur l'autre, ne se touchant que par un seul point, et vous lisez dans les* tournées *ou* transportées, pierres qui dansent *ou* pierres dansantes, pierres qui virent *ou* pierres virantes. *Il reste à vous faire connaître ce qu'est une* fichade, *une pierre* fiche, *une pierre* fixée, *ce qu'on en-*

Dolmen de Pentre-Ifan, Angleterre.

livres « qu'ils sont équilibrés de telle manière que le vent suffit pour imprimer au bloc supérieur une oscillation marquée » (assertion que je ne nie pas, tout en me méfiant quelque peu du vent celtique, et bien que ces pierres prétendues branlantes soient constamment restées inébranlables à tous les coups de pied furieux que j'ai eu la candeur de leur donner) ; elles s'appellent alors pierres roulantes *ou* roulées, pierres re-*tend par* haute borne, pierre latte et pierre lait, *en quoi une* pierre fonte *diffère d'une* pierre fiette, *et quels rapports existent entre une* chaire au diable *et* une pierre droite ; *après quoi, vous en saurez à vous seul aussi long que jamais n'en surent ensemble Pelloutier, Deric, La Tour-d'Auvergne, Penhoët et autres, doublés de Mahé et renforcés de Fréminville. Apprenez donc que tout cela signifie un* peul-

van, autrement dit un men-hir *et n'exprime autre chose qu'une borne, plus ou moins grande, placée toute seule au beau milieu des champs.*

J'allais oublier les tumulus ! *Ceux qui sont composés à la fois de silex et de terre s'appellent* barrows *en haut style, et les simples monceaux de cailloux,* galgals.

On a prétendu que les dolmens et les trilithes étaient des autels, quand ils n'étaient pas des tombeaux ; que les roches aux fées étaient des lieux de réunion ou des sépultures, et que les conseils de fabrique, au temps des druides, se rassemblaient dans les cromlechs. M. de Cambry a entrevu dans les pierres branlantes les emblèmes du monde suspendu. Les barrows et les galgals ont été sans doute des tombeaux ; et quant aux men-hirs, on a poussé le bon vouloir jusqu'à leur trouver une forme, d'où l'on a induit le règne d'un culte ithyphallique dans toute la basse Bretagne ! O chaste impudeur de la science, tu ne respectes rien, pas même les peulvens !

Une rêverie, si vague qu'elle soit, peut vous conduire en des créations splendides, quand elle part d'un point fixe. Alors l'imagination, comme un hippogriffe qui s'envole, frappe la terre de tous ses pieds, et voyage en ligne droite dans les espaces infinis. Mais lorsque, s'acharnant sur un objet dénué de plastique et vide d'histoire, elle essaye d'en extraire une science et de recomposer un monde, elle demeure elle-même plus stérile et pauvre que cette matière brute, à qui la vanité des bavards prétend trouver une forme et donner des chroniques.

Pour en revenir aux pierres de Carnac (ou plutôt pour les quitter), que si l'on me demande, après tant d'opinions, quelle est la mienne, j'en émettrai une, irréfutable, irréfragable, irrésistible, une opinion qui ferait reculer les tentes de M. de La Sauvagère et pâlir l'Egyptien Penhoët, qui casserait le zodiaque de Cambry et hacherait le serpent Python en mille morceaux. Cette opinion, la voici : les pierres de Carnac sont de grosses pierres !

DE LA CELTOMANIE A L'ÉTUDE SCIENTIFIQUE DES ALIGNEMENTS

Il est curieux de constater qu'aujourd'hui on peut assurer — un très grand préhistorien en tout cas le peut — que « nous ignorons la signification des alignements de menhirs comme ceux de Carnac »[1] ; on pourrait penser qu'après deux siècles de relevés et d'études, on serait ar-

1. Franck Bourdier, *Préhistoire de France*, Flammarion, 1967. Un très remarquable ouvrage auquel nous tenons ici à rendre hommage.

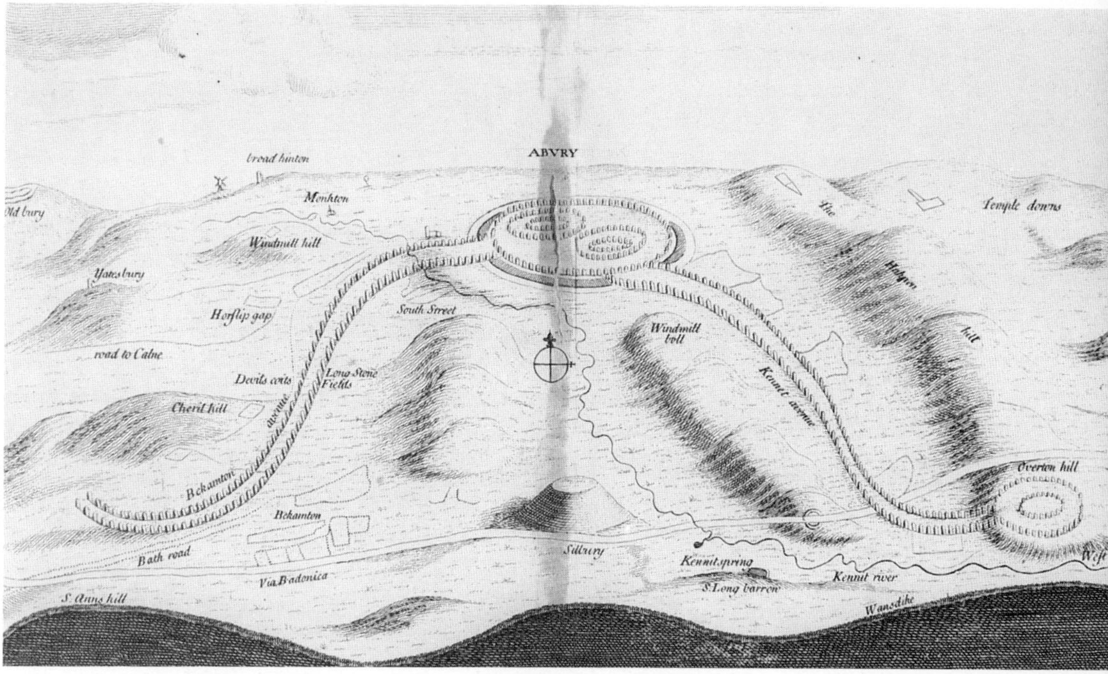

Vue du « temple druidique » d'Avebury, en Angleterre, d'après un dessin « serpentiforme » de William Stukeley (1743).

rivé à éclairer certaines données restées longtemps obscures, à accumuler tant de renseignements sur les pratiques des ***mégalitheurs*** (selon l'expression de Gordon Childe), que nous serions enfin à même de satisfaire au moins l'essentiel de notre curiosité, c'est-à-dire cette lancinante question qui tourne, retourne, s'esquive, précipite quand nous voyons d'énormes pierres sans fin, sans raison, sans ***pratique***, sans beauté, qui sont là seulement, dont on ne peut dire autre chose que leur enfoncement dans le sol, leur alignement, leurs groupements, mais surtout leur anormale fascination sur les gens qui ont la malignité de les côtoyer un peu ! Mais non, ce « pourquoi des mégalithes » reste sans réponse.

On peut même dire que plus le monument mégalithique est simplifié, ***abstractisé***, et plus on est à même de lui trouver une explication, je dirai presque « rassurante » : le menhir se cerne plus facilement qu'un alignement alors qu'il offre, visiblement, moins de prise à notre imagination que les longues allées de pier-

Construction d'un dolmen selon les schémas classiques « imaginés » au siècle dernier.

res dressées, mais c'est aussi sans doute que la science moderne se meut plus facilement dans l'imagination symbolique et religieuse (grâce à l'étude comparée des religions) que dans l'analyse froide d'un phénomène rectiligne dont la seule fonction tient précisément à son *alignement*.

Au contraire, au siècle dernier, on se ruait gaillardement sur l'anomalie : les alignements étonnaient plus du fait de leur rareté, *donc* c'était après eux qu'allaient s'échauffer le plus intensément les imaginations. C'est ainsi qu'est née la « celtomanie », qui ne fut pas toujours, d'ailleurs, uniquement source d'erreurs, mais qui devait très souvent déchaîner l'hilarité.

Ne revenons pas sur les théories longuement décrites dans les textes que nous venons de donner. Disons simplement quelques mots sur la théorie *ophite,* immortalisée par Maudet de Penhouet et, avant lui, Stukeley. Rappelons que, selon ces auteurs, les alignements (cromlec'hs et allées de Stonehenge, d'Avebury et de Carnac) étaient des représentations serpentiformes du cosmos, c'est-à-dire qu'ils considéraient que ces monuments avaient la forme de serpents, ondulés, ayant une « tête » et une « queue », et que cette forme ondulée était la plus ancienne représentation sacrée du monde.

William Stukeley, recteur d'All Saints à Stampford, expliquait notamment les enceintes d'Avebury selon un trigramme sacré dont la symbolique un tant soit peu farfelue avait été mise au point par le jésuite Athanase Kircher au milieu du XVIIe siècle, l'*ophio-cyclo-ptery gomorphus,* ensemble fait d'un cercle, d'un serpent et d'une paire d'ailes. A partir de ce « moule » primitif se seraient ainsi construits les temples mégalithiques, la partie importante étant la queue, appelée dès lors le « dracontium ». Le « Ptah » d'Avebury, le plus grand du monde, *a plus de 4 kilomètres de longueur et il se glisse dans les vallées environnantes. Un hiéroglyphe fantastique se découpe dans la campagne anglaise*[1]. Tout cela ira très loin, Maudet de Penhouet ayant entrepris de tout expliquer par l'égyptomanie, et on verra longtemps des gens très estimables aller à la quête aux Isis au milieu des chardons de l'été...

L'égyptomanie appela la celtomanie comme un sous-préfet en appelle un autre : c'est une question de changement de république. Ou d'empire, si l'on considère que la celtomanie vraie naquit avec Mahé et Cambry dans les années 1805. Franchissons les détails (les Fréminville et les Chateaubriand) pour en arriver à l'époque où Henri Martin joignait ses efforts aux tenants du romantisme à tous crins : c'est le temps où Gustave Doré se moque avec acidité des antiquaires assoiffés de gauloiseries et de sacrifices humains, imageries classiques de notre antiquité nationale pour écoliers des campagnes, dogmes donc à respecter malgré tout. Certains même s'escrimaient à écrire — en 1852 ! — *il semble que les Gaulois avaient ainsi placé les tombeaux de leurs guerriers au*

1. Jurgis Baltrusaitis, *La quête d'Isis,* Olivier Perrin, 1967.

bord de l'océan, parmi les rochers affreux, et pour ainsi dire dans le noir berceau des tempêtes pour que les sombres nuages, les forêts ébranlées, les vagues mugissantes et le triste oiseau des écueils, le lumb, dont la voix ressemble au cri de détresse d'un homme qui se noie, perpétuassent les pompes lugubres, les clameurs et les gémissements des funérailles, autour des informes tombeaux des géants[1]...

L'art même était en cause : le *Barzaz-Breiz* de La Villemarqué (publié en 1839) prétendait recenser les chants proprement celtiques de la Bretagne et donnait ainsi la réplique aux *Fragments de poésie ancienne traduits du gaelique et de l'erse* du barde Ossian (IIIe siècle), réinventés par l'Écossais Macpherson (en 1760). La celtomanie scientifique se mouvait donc au milieu d'un contexte culturel et nationaliste qui pardonnait d'avance tout errement ou toute aberration. Et l'imposture du *Barzaz-Breiz* ne devait être démasquée qu'en 1868.

Entretemps Le Brigant de Pontrieux crut pouvoir expliquer toutes les langues par le bas-breton ; c'est à lui que Court de Gibelin présenta un jour un gamin de Paris, déguisé en sauvage, qui proféra des paroles inintelligibles, mais dont Le Brigant prétendit pouvoir expliquer le jargon[2]. Son disciple préféré, l'abbé Mahé, n'hésitera pas à écrire cette phrase extraordinaire : « Le Breton a été jadis parlé dans la Perse. » Le comble enfin sera sans doute atteint en 1875 par un certain Charles Mackey qui, dans un article du *Celtic Magazine* prétendra expliquer par le gaëlique les refrains des chansons anglaises et françaises, et l'expression *La faridondaine* par : *Jour ! Aurore ! Veille au feu sacré sur la montagne de feu !*

Tout cela devait, par la suite, inciter les chercheurs à la plus extrême prudence. L'absence totale d'échelles de comparaison, les savants se refusant pendant longtemps à chercher des données communes aux mégalithismes orientaux (de naissance relativement récente) et occidentaux (préhistoriques), le fait que les fouilles pratiquées dans les alignements ne révélaient pas de sépultures, ni collectives ni individuelles (sinon de très rares exceptions, sans doute plus tardives), l'impossibilité de rassembler suffisamment de faits sûrs pour étayer un commencement de théorie, tout ici trouble l'esprit, confronté aux plus étranges palissades...

1. Abbé Jean Simon, *Le culte des morts chez les principaux peuples anciens et modernes*, Limoges, 1852.

2. Cf. Salomon Reinach, *Esquisse d'une histoire de l'archéologie gauloise*. Paris, 1898. Série de leçons professées à l'école du Louvre en 1896.

LES ALIGNEMENTS DANS LE MONDE

Les alignements, comme les cromlec'hs (compléments ou dérivés des alignements ?), ne sont pas limités à la seule Bretagne, mais on peut dire néanmoins qu'ils lui sont très particuliers. La première classification un peu précise a été donnée en 1901 par Adrien de Mortillet[1]. Elle a été longuement revue depuis. Nous vous proposons ici les chiffres donnés par M. Fernand Niel dans *Dolmens et menhirs*, suivis de ceux qu'avait proposés Mortillet, ceux-ci entre parenthèses :

Groupe breton :
Finistère : 17 alignements (9) ; 22 cromlec'hs (3).
Ille-et-Vilaine : 27 alignements (5) ; 22 cromlec'hs (9).
Loire-Atlantique : 2 alignements (1) ; 3 cromlec'hs (2).
Morbihan : 12 alignements (8) ; 14 cromlec'hs (19).
Côtes-du-Nord : 1 alignement (0) ; 2 cromlec'hs (9).

Pour le reste de la France :
11 alignements (selon F. Niel) ; 7 (selon A. de Mortillet). 43 cromlec'hs (selon F. Niel) ; 412 (selon A. de Mortillet qui prétendait en dénombrer 334 dans les seules provinces du Sud-Ouest. Cependant disons tout de suite que les alignements et cromlec'hs du Midi sont quelquefois douteux et, dans presque tous les cas, d'origine nettement plus récente que ceux de Bretagne. On ne peut, sans repérage chronologique certain, prouver leur appartenance à l'époque dite « mégalithique »).

Précisons qu'un relevé systématique et scientifique des mégalithes français n'a jamais été fait. Il a été entrepris, tout de même, il y a quelques années, sous l'égide du C.N.R.S., et est actuellement en cours. Espérons que la publication des résultats suscitera des études d'ensemble et amènera de nouvelles perspectives d'interprétation.

Pour le reste du monde, très schématiquement, les centres connus d'alignements mégalithiques sont les suivants :

Groupe anglais (Cornouailles, Devonshire, Yorkshire, Derbyshire, Cumberland) ;

Groupe tibétain (plusieurs ensembles très vastes ont été découverts en 1930, par l'expédition Roerich, dans la région de Do-Ring notamment — 18 rangées parallèles terminées à une extrémité par 3 grands cromlec'hs disposés en hémicycle — dans la région de Rati aussi, et sur les plateaux de La-Chung, à 5 800 mètres d'altitude !) ;

1. A. de Mortillet, ***Distribution géographique des dolmens et des menhirs en France***, Revue de l'école d'Anthropologie de Paris, t. XI, 1901.

Alignements des monts Khassias, aux Indes, lithographie du XIXe siècle.

Groupe indien (dans la région des monts Khassias surtout, au Bengale, gigantesque ensemble de monuments mégalithiques dont James Fergusson assurait qu'*il serait probablement impossible de trouver une portion du globe de même étendue qui en contînt davantage*[1]. Les Khassias élevaient encore des menhirs au siècle dernier, en hommage à des parents décédés auprès des mânes desquels ils voulaient ainsi signifier qu'ils recherchaient aide et protection) ;

Groupe rhodésien (notamment un ensemble cromlechial qui serait apparenté à celui de Stonehenge et indiquerait des directions astronomiques précises).

1. J. Fergusson, *op. cit.*, 1878.

FINALITÉ DE L'ALIGNEMENT

L'interprétation des grandes constructions rectilignes ou circulaires du mégalithique est des plus douteuses. Dire des alignements ou des cromlec'hs que leur érection participait d'un ensemble cultuel ou magique n'explique rien, sinon sans doute qu'il nous est impossible, à nous, de concevoir une « manifestation architecturale incompréhensible » autrement que sous un angle religieux. Mais pourquoi, quand il s'agit des temps antéhistoriques, attribuons-nous tout fait indéchiffrable à une pratique religieuse ou parareligieuse, comme si nous nous hâtions d'être convaincus de la quasi-permanence des terreurs qui habitaient l'esprit de nos ancêtres ? Mais ce problème d'ordre très général perd — ô merveille de ces pierres ! — tout intérêt devant les alignements. Ici devient manifeste la stupidité de toute tentative d'interprétation subjective si l'on veut bien considérer que ***nous ne savons absolument rien de précis sur les alignements ni sur les cromlec'hs.*** Nous ne savons pas pourquoi des hommes ont éprouvé le besoin d'élever de si colossales constructions alors qu'il s'agissait de peuples très primitifs, nomades vivant de chasse et de cueillette et ne connaissant pas encore l'usage des métaux ; nous ne savons pas pourquoi ces constructions revêtaient des formes géométriques très simples (lignes parallèles, carrés, cercles, demi-cercles, pierre plantée verticalement, pierre posée à plat sur deux pierres verticales, etc.) ; nous ne savons pas, non plus, pourquoi certaines de ces constructions *paraissent* avoir été conçues en fonction de données astronomiques précises...

LES CONSTRUCTIONS MÉGALITHIQUES ET L'ASTRONOMIE

Nous empruntons les éléments de ce très court exposé aux remarquables travaux de M. P.-R. Giot, résumés très prudents de multiples enquêtes sur le terrain dont l'initiateur avait été le commandant Devoir en 1911 et qui furent hélas jalonnées, au début du siècle, par toute une série d'interprétations des plus farfelues.

Les orientations en cause, selon Giot, sont les suivantes :

— ***Les équinoxes*** (21 mars, 21 sept.) : 90°, (et les méridiennes perpendiculaires à ces levers).

— ***Les solstices*** (été, 21 juin, 54° ; hiver, 21 déc., 126°), (et les perpendiculaires à ces levers).

— ***Les levers intermédiaires*** pour l'été (6 mai et 8 août) : 66°, pour l'hiver (8 nov. et 4 fév.) : 114°, (et les perpendiculaires à ces levers intermédiaires).

Beaucoup d'alignements, beaucoup d'allées couvertes ou de menhirs (ceux-ci seraient orientés vers la direction qu'indique leur arête la plus aiguë, ***quand il est possible d'en observer une***) indiquent *à* *peu près* l'une des directions astronomiques précitées. Mais trop de mégalithes n'en indiquent aucune, trop de mégalithes visent une direction inutilisable, et la dispersion des mégalithes orientés recouvre de manière indifférente celle des mégalithes qui ne sont pas orientés. C'est l'anarchie la plus totale, quel que soit le territoire envisagé. Et *de toute manière,* précise P.-R. Giot, ***on constate que les diverses orientations possibles du tableau ci-dessus sont tellement nombreuses qu'avec une marge d'erreurs de quelques degrés de chaque côté de la valeur théorique, les plages, correspondant alors à un grand nombre d'orientations voisines, se recouvrent partiellement***[1]. Une loi, quelle qu'elle soit, est alors scientifiquement inacceptable. Quant aux monuments du groupe Stonehenge, on sait qu'un astronome anglais, sir Norman Lockyer, fit en 1901 des observations astronomiques très précises à leur propos. Il semble que la seule conclusion acceptable à laquelle il soit arrivé concerne l'orientation générale du monument dans la direction du lever du soleil au 21 juin, ligne qui passerait exactement par le sommet de l'étrange *Heel stone.* Si l'on tient compte de la précession de cette date, on pourrait aussi conclure (selon Lockyer toujours) que ce n'est que vers 1850 avant J.-C. que cette ligne était vraiment rigoureuse, date qui correspond effectivement à celle donnée, pour la construction définitive du monument, par la datation au carbone 14. Encore cette « explication » est-elle combattue par nombre de savants actuels dont le spécialiste anglais de Stonehenge, Richard J.C. Atkinson, qui juge ces « hypothèses plus qu'improbables ».

1. P.-R. Giot, J. L'Helgouac'h, J. Briard, *La Bretagne,* Arthaud, 1962.

CONCLUSION

Les *pourquoi* sont ici trop insupportables, et le plus insupportable encore est bien que c'est précisément devant les alignements que ces *pourquoi* nous encombrent le plus : ***pourquoi*** y a-t-il ***tant*** de rangées et ***tant*** de pierres, alignées dans ***telle*** direction ? ***Pourquoi*** les pierres vont-elles vers l'Est en décroissant ? ***Pourquoi*** y a-t-il un cromlec'h décalé à leur extrémité ? ***Pourquoi*** les pierres sont-elles plantées par leur côté le plus pointu ? Et ***pourquoi*** y a-t-il des exceptions à chacun de ces ***pourquoi ?*** Etc., les ***pourquoi*** marquant ici une loi significative de notre déception, de notre étonnement, et de ***ma*** mésaventure...

Grand menhir isolé des alignements de Kerzerho, en Erdeven, Morbihan. ▸

Troisième journée

le Visage, le Serpent et la Pierre de Foudre

Parmi les bruyères, pénil
des menhirs...

Alfred Jarry
Les jours et les nuits,
Mercure de France, 1897.

ALEXANDER BLAIR ET FRANCIS RONALDS

1834, à Carnac, chez ***la grosse et hospitalière veuve Gildas***[1] où viennent de prendre pension deux Anglais, des « antiquaires » comme on disait alors, c'est-à-dire des archéologues. Hommes tenaces et doux, Blair et Ronalds vont se livrer aux travaux de triangulation qu'ils affectionnent, mais sur les seuls champs couverts de pierres « fiches » : c'est leur passion, ils vivent étrangement la destinée de ces « carneilloux » pour lesquels, presque simultanément s'enthousiasment le chevalier de Fréminville, Prosper Mérimée et le révérend John Bathurst Deane qui publiera cette même année un relevé étonnamment précis des alignements de Carnac dans la revue anglaise ***Archœologia***[2].

1. A. Blair et F. Ronalds, *Sketches at Carnac (Britanny) in 1834*, Londres, 1836.

2. Un digne émule de Stukeley, le brillant champion de la théorie optique que Deane appliquera vigoureusement à l'ensemble des monuments de Carnac.

C'est l'automne et il fait très chaud. Au milieu des paysans rudes, vêtus éternellement de leur blouse indigène, Blair et Ronalds portent l'élégant costume 1830, à savoir – selon le disert hagiographe de nos deux Anglais, le docteur Gustave-Thomas de Closmadeuc – ***le vêtement étriqué, à collet montant et à basques, pantalon clair, cravate nouée en rosette, chapeau à haute forme.***

Blair est le théoricien, Ronalds le praticien. Celui-ci est l'auteur par ailleurs d'un redoutable ***Traité sur la perspective mécanique***, ce qui lui vaut sans doute d'être l'homme à qui l'on doit ces 24 planches, admirables de fidélité, de « reconnaissance », qui forment l'apport sans prix des ***Sketches at Carnac*** que les deux compères publieront, à quelques exemplaires très rares dès leur retour à Londres. Exemplaires tous distribués aux amis, à quelques antiquaires, à deux ou trois spécialistes, exemplaires presque tous perdus aujourd'hui. J'ai pu en consulter un qui, par miracle, avait été offert à la Bibliothèque nationale par un ami de Blair : l'objet est fort émouvant, il y a là-dedans je ne sais quoi d'humble et de précis qui, sans avoir

Page précédente : Alignements de Kermario.

Carnac, la fontaine Saint-Michel et le tumulus. La photographie moderne et la première « vue » objective des mêmes lieux, dessinée par F. Ronalds (1836).

la sécheresse de l'étonnant rapport de Mérimée sur Gavrinis, en possède déjà la discrétion. J.-R.M. et moi, au tout début de cette matinée lumineuse, comme mus par le même et inévitable entendement, nous dirigeons nos pas vers l'endroit où nous espérons retrouver cette fontaine Saint-Michel qui servit de premier plan au crayon de Ronalds dessinant la perspective générale du tumulus Saint-Michel. Ce fut beaucoup plus difficile que prévu, bien sûr : pour la bonne raison que l'on n'arrive plus à Carnac par ce côté. Deux amoureux étaient déjà bien persuadés de cela, qui faisaient paisiblement l'amour sous une immense couverture rouge, déployée bien à plat sur le pré, à l'ombre d'un grand arbre. Aussi pudiques qu'avaient dû l'être nos deux Anglais, nous filons vite par-delà quelques barrières au milieu de pommiers en fleurs. La fontaine enfin, juste à l'endroit où nous nous précipitions, un double du dessin des Anglais en main, est semblable à elle-même, 133 années plus tard : la vue est superbe vers le tumulus, le bassin de pierre est mangé par les lentilles d'eau, l'air est comme immobilisé avec tout de même l'allégresse de ces terres que nous savons ne pas être trop loin de la mer.

LE TUMULUS DE KERCADO ET LES « EMBROUILLAMINIS GRAPHIQUES » DE L'ABBÉ BREUIL

Kercado est derrière nous. Kercado, c'est un gigantesque tumulus, du moins paraît-il de loin gigantesque, revêtu comme il l'est d'un bois de pins d'où jaillit un moderne château d'eau. C'est lui le but de ce matin, car il est à la fois un modèle dolménique et un exemple de chambre décorée où les dessins les plus abstraits se chevauchent au flanc de pierres mouillées d'humidité : dessins fantômes, flexueux, inabordables.

Le tumulus est à l'intérieur d'une très belle propriété, l'entrée est superbe, un portail de grande noblesse, une cour où l'on souhaiterait ne vivre que des fins de journée. Au son de la vieille cloche que nous agitons (nous en étions priés par l'écriteau), une dame âgée nous fait pénétrer dans une petite salle pour *signer le livre d'or*. Puis, vers un long mur, sur la droite, une ou deux portes dans des murs lépreux, enfin le tumulus, comme un décor peint, aux reflets clairs, dans le sous-bois.

Le tumulus de Kercado est l'un des plus complets et des mieux conservés de la région de Carnac. L'ensemble comprend le tumulus proprement dit, fait de blocailles, qui s'allonge sur plus de 9 mètres et recouvre une galerie longue de 6 mètres qui mène à une chambre « carrée » de 3 m x 3,30 m et haute de 3,30 m[1] ; une murette d'enceinte ; un cromlec'h (péristalithe) ; un menhir indicateur à l'est et un autre planté sur le sommet du tumulus ; enfin une sorte de pavement très grossier qui recouvre l'espace compris entre la murette et le cromlec'h. Tout cela n'aurait qu'un intérêt typologique de pure forme s'il n'était que les supports et l'énorme dalle de couverture portent des « gravures », des « décorations », des « motifs » (quels autres mots employer ?), d'une abstraction totale sauf la figuration de hache emmanchée qui se voit sous la grande dalle de couverture (à gauche quand on regarde le fond de la chambre).

1. Le Rouzic, lors de ses fouilles de 1925, y exhuma un collier de 147 perles de callaïs et les débris de 41 vases dont 13 étaient ornés.

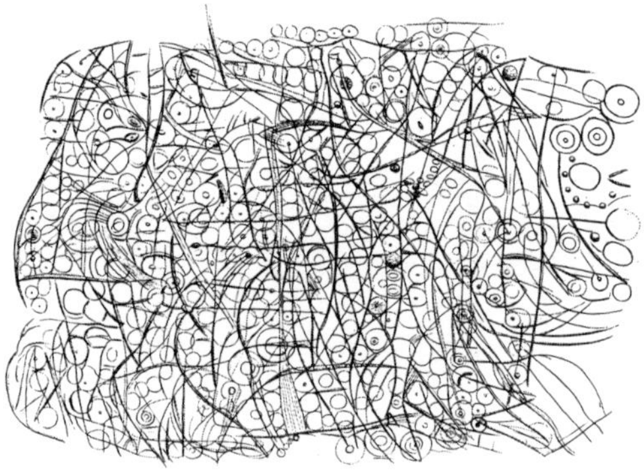

Cinquième montant gauche de la chambre de Kercado, d'après l'abbé Breuil.

L'abbé Breuil, qui s'éprit brutalement, dans les années 30, des dolmens ornés du Morbihan, « consacra » 23 journées (étalées de 1935 à 1940), avec sa fidèle collaboratrice Miss M.E. Boyle, à relever ce qu'il qualifia lui-même d'*embrouillaminis graphiques*[2] sur les supports de Kercado. Spécialiste de l'art paléolithique, Breuil n'hésite pas, dans l'*avertissement* qu'il mit en tête de sa communication, à stigmatiser ainsi l'objet de son travail : ***Il y a autant de distance de l'art réaliste des Paléolithiques à l'art super-abstrait, vraiment futuriste et aussi profondément dégénéré, de la plupart des panneaux auxquels je me suis attaqué en Bretagne, qu'on peut en voir entre les chefs-d'œuvre de la peinture classique et les aberrations modernes des furturistes les plus abstraits.***

2. Henri Breuil, *Quelques dolmens ornés du Morbihan*, 1959.

Menhirs indicateurs et tumulus de Kercado.

Ainsi prévenu, le lecteur est confronté à un certain nombre de relevés faits de « bandes », d'« incisions », d'« ocelles », d'« arceaux », de « branches », de « pupilles », d'« auréoles » et de « cupules », de « chapelets » et de « chaînettes », etc., où il est évident que Breuil veut sans cesse désigner des figurations là où *visiblement* il n'y en a pas : « visages », « colliers » et « seins » de toutes sortes de « déesses-mères » s'y côtoient à l'envi et quand la partie est trop dure, l'abbé joue son va-tout : c'est alors que le support tout entier – mais à lui seul, à son seul contour – « représente » l'idole-mère (on sait que l'idée de la déesse-mère présuppose l'arrivée de son culte oriental (Moyen Orient-mer Egée ?) par des voies qu'il reste à déterminer avec précision et ce à une époque absolument indéfinie) ; il s'agit là d'une figuration difficile à orienter quand on se trouve devant *quelques* dessins très frustes comme c'est le cas à Kercado[1].

1. Plus prudemment, M. Yannick Rollando parle de « gravures extrêmement complexes qui sont probablement des gravures en surimpression ou avec repentirs». *La Préhistoire du Morbihan*, Vannes, 1965.

Mais de là à « se figurer » cette multitude de dessins hasardeux, à voir des « colliers », des « yeux », etc., l'abîme est bien vite franchi : nous ne sommes pas devant les peintures des grands massifs africains, ni même dans la Vallée des Merveilles... Je ne fais pas ici le procès de l'abbé Breuil (d'autres, des spécialistes, s'en chargent déjà), ni de son travail de décalque qui, tout en étant par moments abusif, n'en reste pas moins remarquable, mais bien la critique d'une école « interprétative » qui projette ses obsessions esthétiques sur des blocs archaïques, ***cela en ne jugeant que de leur seul intérêt esthétique.*** Comment l'abbé Breuil n'a-t-il pas porté pareillement l'anathème sur les pierres ornées elles-mêmes, sur ***le*** dolmen, ***le*** menhir ? Ou croyait-il naïvement que l'ART n'apparaît que sous la forme du dessin (si c'est d'ART qu'il s'agit) ? Ne pouvait-il imaginer autre chose, dans ces gravures, que la finalité esthétique ? Pourtant sur ce « palimpseste de pierre », le travail de l'abbé Breuil a permis de nouvelles classifications des schémas représentatifs de la figure humaine : nous y reviendrons.

LES ALIGNEMENTS DU PETIT-MÉNEC

Après quelques photos, des remerciements à la vieille dame, une sortie paisible du domaine perdu dans sa verdure, nous tombons net sur les alignements : Kercado est quasiment contre le flanc des alignements, dans leur plus grand allongement, là où leurs évolutions (certaines pierres iraient boire à la mer les nuits de Saint-Jean) sont les plus tumultueuses, c'est-à-dire Kermario (rappelons d'ouest en est : tout d'abord le groupe d'Erdeven, formé des ***alignements de Kerzerho ;*** ensuite le groupe de Plouharnel, formé des ***alignements de Sainte-Barbe*** et de ceux du ***Vieux-Moulin ;*** puis le groupe de Carnac proprement dit, formé des ***alignements du Ménec***, de ***Kermario***, de ***Kerlescan*** et du ***Petit-Ménec***). C'est donc en plein flanc que nous débouchons : au cœur de la région des mégalithes, sur la ***route des alignements*** comme l'indiquent les cartes que l'on vend ici.

Suivons cette charmante route, d'ouest en est, longeons ces immenses files de pierres, et, par un léger décrochement qui leur fait suite, empruntons le chemin qui mène au château du Lac, à l'aplomb de la rivière de Crach. Inutile d'aller bien loin, on distingue vite les ultimes menhirs des alignements de Carnac : quelques pierres, bien mal alignées, très « courtes », mangées par des grappes d'ajoncs en fleurs, dont l'ensemble forme un coude de 41°, infléchi vers le nord-est par rapport aux grands alignements. « Queue » qui fut certainement beaucoup plus importante qu'elle ne paraît ici, dans ce champ d'arbustes, si l'on en croit les relevés de Le Rouzic qui distingue des « sous-alignements[1] » un peu partout, tout autour du château du Lac : des menhirs couchés aux lieux-dits *Er-Mareu* et *Mané-er-Lac*, au bas du pré du Lac aussi, et d'autres, cassés, démolis, émiettés par les marteaux des carriers, traces tout de même, fantômes de ce gigantesque *serpent* qui devait être ininterrompu depuis les landes du bord de l'océan, à Sainte-Barbe, jusqu'au ravin de la rivière de Crach. Une bonne dizaine de kilomètres d'alignements de menhirs, sur une dizaine de files de largeur, avec des développements subalternes, à angle droit, rêve fou d'une région entière « alignée » et « piquetée »...

1. L'expression est de moi.

LES « FENÊTRES D'ÂMES » DE KERLESCAN

Nous avons décidé, Jean-Robert et moi, de surprendre les alignements de Kerlescan par l'un de ses cromlec'hs, plus exactement par un péristalithe qui « croche » de ses 29 « dents » dans les restes d'un tumulus allongé, au nord-est de l'alignement. Complètement éventré, le tumulus révèle les débris d'une allée couverte qui dut être fort belle, ruines misérables pillées il y a bien longtemps lors de la construction d'un moulin à eau à Kergoret[2].

2. La première fouille enregistrée de ce curieux monument a été faite par de Kerenflech en 1858. Le Révérend Lukis, grand fouilleur de la région, y trouva quelques pointes de flèches, déposées au British Museum.

L'intérêt majeur du monument, outre son enceinte, est de nous offrir les deux seuls exemples, à ma connaissance, de *fenêtres d'âmes* que l'on ait répertoriés dans le Morbihan. En effet le milieu de l'allée couverte était autrefois occupé par deux blocs juxtaposés échancrés sur leur côté et à mi-hauteur, délimitant ainsi une « ouverture » servant de passage entre les deux compartiments. Deux autres blocs, aujourd'hui aussi disparus, présentaient le même phénomène sur le côté du monument, là où se trouvait l'entrée.

Ces *fenêtres d'âmes*, si elles étaient exceptionnelles dans le Morbihan, n'ont rien, par ailleurs, de bien rare : on trouve des dolmens troués en France (celui de Trie-Château, dans l'Oise ; ceux de Conflans, en Seine-et-Oise ; de Boury, dans l'Oise ; de Lodève, dans l'Hérault ; celui de Vic-sur-Aisne, dans l'Aisne, etc.), en Syrie-Palestine, dans le Caucase, dans les Indes où la moitié environ des dolmens du Dekkan ont un montant troué.

De ces trous-là il est difficile de dire autre chose que ***tout ce que l'on peut dire*** à propos de la croyance en l'au-delà chez les anciens mégalitheurs : un « passage » pour les âmes des morts enterrés dans le dolmen, ou bien quelque sorte de « passe-plat » qui permettait de déposer à l'intérieur des provisions pour les morts, ou bien encore... Le Rouzic voyait même, dans les 80 menhirs que devait comporter à l'origine le péristalithe, autant de « pierres réceptales des morts »[1], ***éléments de fixation*** du spirituel auquel on peut, pourquoi pas (et ici c'est moi qui vais plus loin), opposer *l'**élément de dissémination*** de la fenêtre d'âmes ?

1. ***Carnac***, réédition augmentée par les soins de Maurice Jacq, Rennes.

LES ALIGNEMENTS DE KERLESCAN

Enfin Kerlescan ! Ensemble monumental dont l'orientation générale – déjà ambiguë – passe de 95° à 66° au cours du « déroulement » de ses 13 files de menhirs. Mais commençons à l'ouest, au cromlec'h classique d'***entrée d'alignement :*** celui de Kerlescan, que l'on crut longtemps carré et à angles arrondis, est en fait hémi-circulaire et comprend 39 pierres encore debout avec des traces de calage de certaines autres, disparues aujourd'hui. Au nord, il est flanqué d'un tertre allongé, éven-

tré, bordé de l'inévitable menhir indicateur (mais celui-ci a 3,70 mètres de haut). Tertre qui fascina jusqu'aux Allemands de l'occupation : le professeur Warburg, de Brême, qui le fouilla en août 1941. Il avait auparavant livré à Le Rouzic ses 4 beaux coffres, et quelques poteries grossières. Mais cela n'est pas tout : une incursion vers le nord, dans le sous-bois mort où les pieds s'enfoncent dans un mauvais humus d'épines de pins, nous mène à une véritable muraille de végétations mortes, faites de troncs foudroyés, qui ont littéralement happé les rares pierres subsistant d'un gigantesque cromlec'h qui s'étendait sur un arc de cercle de près de 300 mètres. Le site est très impressionnant. Certains blocs ont été redressés et enclos dans un talus. Tout cela est gris, mort, couvert étrangement de poussière, celle des pins émiettés, celle que la brise de mer n'atteint jamais.

Les alignements eux-mêmes s'étendent sur une longueur de 880 mètres et sur une largeur moyenne de 139 mètres. Ils comprennent 555 pierres[1], les plus élevées atteignant 4 mètres, les moins favorisées, 80 centimètres.

Rien d'autre à en dire, sinon peut-être, dans notre humilité,

1. Selon d'autres 540, mais cela est bien hors de compte, n'est-ce pas...

Alignements de Kermario.

Péristalithe du tumulus de Kerlescan.

Le dolmen troué de Trie-Château, Oise.

de rappeler ici l'apophtegme d'Elie Faure selon lequel « une silhouette de mammouth à demi effacée sur la paroi d'une caverne nous renseigne plus sur l'esprit de l'homme qui l'y a gravée en quelques heures, qu'une plaine couverte de mégalithes sur des foules qui ont mis des siècles à les y dresser »[1]...

1. Elie Faure, *L'art antique*, 1909.

LES ALIGNEMENTS DE KERMARIO

Façon qui tient sans doute au moulin ruiné qui en couronne la colline, façon qui tient plus sûrement à son beau déroulement, à son semis de pins et d'ajoncs, à sa belle ordonnance,

Kermario, perspective des alignements par le peintre Jorand (1825).

Kermario est l'alignement romantique par excellence : les lithographies que lui doit le peintre Jorand sont parmi les plus réussies qu'ait inspirées le mégalithisme breton, et les plus objectives aussi. L'ensemble est moins rude que le Ménec, moins raide et vaste que Kerlescan. Et puis les alignements ici ont une manière « d'enjamber » qui leur est propre : les 10 rangées de 982 blocs[2] — sur une longueur de 1 120 mètres et une largeur moyenne d'une centaine de mètres — franchissent la belle éminence qui porte le moulin avant d'enjamber le superbe tertre tumulaire oblong connu sous le surnom d'*Er-Mannières* (les « Montagnes »). Tertre qui recouvrait un grand

2. 1029 selon d'autres auteurs. L'orientation générale est de 54°, et le menhir le plus grand, couché, atteint 6,42 mètres.

▲ *Menhir du tertre du Manio : les gravures serpentiformes.*
Alignements de Kermario, vus du Moulin. ▶

nombre de coffres et de foyers et qui est lui-même surmonté d'un menhir (indicateur ?) de 3 mètres de haut, bien distinct des petits blocs terminaux qui l'entourent. Magnifiquement, on « entre » sous le menhir par une petite porte de bois : si l'on a pris la précaution de se munir d'un éclairage, on peut alors reconnaître au moins 3 des 5 serpents dont on découvrit la figuration sur la partie enfouie du menhir lors de l'exploration du tertre par Le Rouzic et Péquart en 1922[1]. Simples lignes serpentiformes, ces gravures, exceptionnelles dans un tel contexte d'alignements mégalithiques (malgré les fantaisies visionnaires des partisans de la théorie ophite), dénotent une intention certainement apotropaïque (de « conjuration ») qui n'est, à coup sûr, pas sans rapport avec les tracés de la figure humaine dans les allées couvertes du Morbihan (cf. le dossier qui suit).

1. Auprès des serpents on découvrit 5 petites haches de pierre polie, piquées en terre, le tranchant vers le haut. A rapprocher des haches trouvées dans le tumulus Saint-Michel.

LE GÉANT DU MANIO ET SON QUADRILATÈRE

Ici comme à Kerlescan, les alignements sont accompagnés d'un ensemble très riche de monuments. En plus du tertre tumulaire dont nous venons de parler, il faut encore citer le dolmen à galerie à proximité et au sud des alignements, à l'angle de la route, sans grand intérêt ; des restes d'alignements (ou des *dépôts* de menhirs) au nord-ouest des alignements, et au sud de la ferme de la Petite-Métairie ; enfin, dans le bois de pins au bout des alignements, un monument d'aspect très étrange, que nous avons mis beaucoup de temps à découvrir (les chemins s'enchevêtrant plus que ne l'indique la carte locale), fait d'un menhir indicateur (le célèbre « Géant » du Manio[2]) et d'une enceinte rectangulaire de petits menhirs, restes d'un tumulus dont l'appareil tout entier a disparu, en somme le squelette d'un péristalithe interne comme il en existe dans beaucoup de tumulus, et notamment au Mané-Lud, en Locmariaquer. Le quadrilatère, allongé ouest-est, est régulièrement rectangulaire, mais quelques pierres manquent au côté ouest. De petits pins et des fougères l'envahissent en toute quiétude. Sur le côté sud, deux blocs frappent par la disproportion qu'ils font avec l'ensemble. Rien d'autre, sinon notre étonnement devant ce spectacle d'un menhir indicateur gigantesque, gardien de débris éventrés, à quelques dizaines de mètres d'autres petits tertres démolis : un cimetière en tout cas, même si les alignements eux-mêmes échappent encore à toute possibilité de définition fonctionnelle...

2. 6,45 mètres de haut, mais autrefois couché, il a été relevé par des palans qui lui ont laissé les traces de leurs griffes.

Le Géant du Manio, entre les alignements de Kerlescan et Kermario.

Sur le front de l'océan, la tête des alignements... Et l'incohérence de nos appellations quand il s'agit de dire que là commençait *quelque chose*, « dans les sables et sur les caps, la sombre énigme celtique » comme disait Victor Hugo.

Nous y filons, J.-R.M. pressé de prendre les photos avant la tombée de la nuit : trois groupes, sous des nuages qui roulent au-dessus de l'horizon, la splendide tête des alignements de Kerzerho, à Erdeven, d'abord, avant de redescendre sur Sainte-Barbe et le Vieux-Moulin, près de Plouharnel.

Kerzerho, la route enfoncée dedans comme un pieu dans le cyclope, aberration contre laquelle s'élevait déjà de Mortillet au début du siècle, mais dont il reste cependant suffisamment pour juger de son importance : 1 100 menhirs rangés en dix files se dirigeant, en un premier temps, vers l'est jusqu'au Mané-Bras (au 88e degré de la boussole), puis s'infléchissant vers le sud-est (au 125e degré)[1] ; mais tout cela forme une chaîne inégale, souvent interrompue, dont la partie la mieux restaurée se trouve en bordure de la R.N. 781 (à gauche de la route, un menhir porte des cupules). Ronalds et Blair étudièrent longuement cet ensemble, prenant malheureusement un grand menhir couché, au bout des champs qui se voient sur la droite, pour une « druidical stone » pourvue d'une gouttière pour l'écoulement du sang humain (Ronalds poussa même le souci de l'authenticité jusqu'à se faire représenter sur le dessin de son ami en position de sacrifié). Pour le reste, des pierres sont couchées un peu partout, et en si grand nombre qu'il est impossible de parler de cromlec'h ou d'alignements subalternes avec certitude.

1. Sur une longueur totale de 2 105 mètres et une largeur moyenne de 54 mètres.

Quant à Sainte-Barbe, c'est à un monument en grande partie détruit que nous aurons affaire, comme autrefois les deux Anglais qui en firent des relevés d'une merveilleuse fidélité. Seules 4 grandes pierres du cromlec'h font encore illusion, en bordure d'un carré de choux bretons, clôture ineffable face à l'immense plan marécageux qui s'étend vers l'ouest, jusqu'à Kerderff, jusqu'au Ménec peut-être, lande désolée où gisent encore près de cinquante menhirs. Mais beaucoup d'autres, perdus dans les sables, avalés par les marais, jalonnaient les étranges allées... Nous sommes loin de ces jardins d'utopie qui faisaient dire à Guez de Balzac que « pas une pierre ne pousse

Menhirs isolés des alignements de Kerzerho en Erdeven, Morbihan. ▶

Les alignements de Sainte-Barbe dessinés par Blair et Ronalds.

1. Guez de Balzac, *Le Prince*, 1631.

hors de son alignement »[1]. Ici la mort est si furieuse qu'elle s'en prend aussi bien aux objets inanimés...

L'orage menaçant de plus belle (le plafond des nuages ressemble à une tôle ondulée grisâtre), nous reprenons la R.N. 781 et redescendons vers Plouharnel : les grands menhirs de l'alignement du Vieux-Moulin sont visibles depuis cette route-ci comme depuis la R.N. 168 qui vient d'Auray. « Pauvres pierres » dirait l'abbé Millon, témoins immobiles d'un gigantisme mort, dressés tout à côté d'un passage à niveau, abîmés contre le face à face lumineux du soleil et de l'orage. Six menhirs en tout et pour tout, alignés nord-sud : cromlec'h ou alignement ? Et de quel fabuleux monument les pilotis monstrueux des sables ?

La journée meurt doucement, nous roulons à nouveau vers Carnac. Vers Carnac-ville comme on dit ici, l'autre Carnac étant celui des touristes des bords de mer, le *faux* qui s'enterre l'hiver avec sa trentaine d'habitants pour ne resurgir que l'été, d'un seul coup, dans l'ébullition de ses cent mille habitants.

Ce soir, le petit village, le *vrai*, explore avec précaution sa quiétude journalière, comme tout ce qui revêt cette aimable délicatesse des fins de journée. Une vieille dame monte la garde devant le musée Miln-Le Rouzic, étonnée, en plein mois de mai, d'être interrompue dans son tricot : il nous faut bien rendre ici hommage à Zacharie Le Rouzic, fondateur du musée de préhistoire de Carnac assez bienveillant pour lui avoir aussi légué le nom de James Miln, son illustre prédécesseur dans l'art

La salle des moulages dans l'ancien musée Miln-Le Rouzic.

de la fouille carnacéenne, humble Anglais amoureux de Kermario et des Vénus gallo-romaines du champ des Bosseno.

Outre un certain nombre de moulages de pierres (celle qui porte l'empreinte de deux pieds et qui provient du tumulus du Petit-Mont, éventré par un blockhaus allemand, et presque tous les moulages des supports décorés des dolmens du Morbihan) ; outre aussi le montant, transporté ici pour éviter sa destruction, de l'allée couverte coudée de Luffang, orné d'une extraordinaire *figure* de déesse-mère (ou de poulpe ?), le musée contient un mobilier extrait des diverses sépultures de la région, dont une magnifique collection de haches en fibrolite et en jadéite dont il nous faut un peu parler. En effet, il s'agit là d'une trop remarquable constante du mobilier mégalithique armoricain pour que nous puissions passer impunément sous silence l'un des aspects les plus étonnants de cette civilisation vouée à la contemplation du feu et de la mort.

Dossier 3

La légende de la pierre de foudre et la figuration humaine

LE VISAGE DU FEU

Sans doute convient-il de revenir dans un passé plus récent — et dans une littérature décidément moderne du même coup — pour trouver ce ténu fil d'Ariane qui va nous permettre de plonger dans ce temps où tracer le moindre trait dans la pierre revêtait une signification mythique qui nous échappe totalement, même si, çà et là, elle laisse encore à notre circonspection quelque vestige imprenable.

On sait que le menhir, à une époque toute proche de notre passé historique, s'est *travesti* lentement en statue-menhir, personnage le plus souvent isolé sur lequel percent peu à peu des signes distinctifs sociaux (armures, outils, instruments de guerre deviennent alors apparents) ; ce genre fleurit alors en abondance, notamment dans la région des Cévennes, et dans le groupe Corse-Sardaigne (quoique, alors, d'une origine nettement différente). Ces statues-menhirs du Chalcolithique ont en commun la plupart du temps une sorte de cupule fixée à hauteur de l'estomac et portée par un baudrier rudimentaire. Cette cupule que le commandant Octobon autrefois — et faute de mieux — appelait « l'objet », se révéla, grâce aux travaux d'André Varagnac, être un briquet préhistorique, « preuve que l'allumage d'un feu comptait parmi les rituels mégalithiques »[1]. Il s'agissait d'un briquet rotatif analogue à ceux de nos primitifs actuels, la flamme jaillissant du foretage répété d'un archet, actionné par un petit arc, à l'intérieur de la cupule de bois. Certains auteurs y voient des analogies sexuelles, le feu prenant au frottement de l'élément mâle (l'archet) dans le contenant femelle (la cupule). Or, curieusement, au Mégalithique,

1. André Varagnac, ***Lueurs sur les croyances mégalithiques***, op. cit., 1968.

en tout cas dans ce qui nous occupe, c'est-à-dire les dolmens ornés du Morbihan, les deux seules catégories de dessins représentés concernent, d'une part, des schématisations femelles (déesse-mère et équivalents) et, d'autre part, des schématisations mâles en rapport avec un culte du feu : les haches de pierre polie, plus communément connues sous le nom de « pierres de foudre ».

Loin de moi l'idée de faire un rapprochement trop rapide, mais il faut bien souligner qu'*il doit y avoir* un lien (et pourquoi pas le lien sexuel ?) entre les haches et les sinuosités que l'on qualifie généralement de figurations de la déesse-mère. Ces haches sont enterrées avec les cadavres, déposées dans chaque endroit dont on veut préserver ou l'accès ou la détérioration, souvent le tranchant en l'air, menaçant l'intrus ou le cataclysme, et, dans chaque cas, l'intention magique est présente. Mais l'homme du Mégalithique ne se contente pas de ce geste, il recourt très souvent à la représentation sculptée de la hache, comme on peut le voir notamment dans la splendide chambre sépulcrale de l'île de Gavrinis où les pierres de foudre « fourmillent » littéralement sur les supports dolméniques. Or il se trouve aussi que certaines mythologies relatives à ces haches ont subsisté jusqu'à une époque très récente, et ce dans un grand nombre de pays à travers le monde. Qu'on me permette de citer ici un peu longuement un extrait d'Emile Cartailhac qui montre bien cette survivance d'un culte du feu.

LA PIERRE DE FOUDRE ET LA SUPERSTITION POPULAIRE[1]

Beaucoup de gens, que ce soit en Europe ou en Chine, à Java ou à Madagascar, cherchent les pierres du tonnerre sur le sol après l'orage, et surtout près des « arbres brisés par elles ». Mais d'autres assurent qu'on ne les trouve pas si facilement.

Les paysans de l'Aveyron nous ont déclaré que lorsque la foudre frappe le sol, sa pierre s'enfonce de six pieds et remonte d'un pied chaque année. Les Calabrais donnent des chiffres différents. Ils disent qu'en tombant, « les coins du tonnerre » entrent dans la terre jusqu'à une profondeur de dix-huit cannes et qu'ils remontent d'une canne chaque année, de manière qu'au bout de dix-huit ans, ils arrivent à la surface du sol où on les

1. Emile Cartailhac, *L'âge de pierre dans les souvenirs et superstitions populaires*, Paris, 1877.

recueille en travaillant la terre pour les besoins agricoles.

Les Européens du Nord déclarent que la pierre pénètre dans la terre de la hauteur du plus grand clocher d'église, mais qu'elle s'élève vers la surface chaque fois qu'il tonne et paraît au jour au bout de sept ans. On disait jadis la même chose dans l'île de Gotland (Suède) et en Sibérie. Un voyageur du siècle passé, Gmelin, s'exprime en ces termes : « Je vis, auprès du bourg de Kochdesvenskoie, cinq arbres frappés de la foudre d'une manière extraordinaire... Ces bouleaux occupaient un espace d'environ vingt toises. Lorsque le tonnerre tomba, quelques paysans labouraient aux environs ; ils ont dit qu'il était venu du sud, que ces cinq arbres avaient été frappés d'un seul coup, et prétendent que ce dernier a été plus endommagé, parce que le tonnerre fait toujours son plus grand effort à l'endroit où il finit. Ils espèrent aussi trouver après trois ans la flèche du tonnerre, laquelle, par sa vertu propre, ou par celle de la terre qui ne peut souffrir dans son sein cet étrange instrument, doit en sortir dans cet espace de temps[1]. »

*Le paysan grec croit, au contraire, que ces pierres se forment dans la terre quand le tonnerre est tombé, et qu'il faut quarante jours pour que l'*astropelekia *soit parfait.*

Tous ceux qui veulent se procurer les haches recueillies par les paysans ont souvent éprouvé les plus vives difficultés. M. Napoléon Nikles rapporte que l'un des spécimens de sa collection provenant du territoire d'Ehl, lui a coûté deux ans de négociations ! Elle appartenait à une pauvre veuve qui en a raconté l'origine comme suit : il y a plus de cent ans, son bis ou trisaïeul était vacher de la commune de Benfeld. Un jour, pendant un orage, il vit la foudre tomber sur un arbre dans une forêt voisine de son pâturage, aussitôt il y courut pour marquer l'arbre, afin de pouvoir recueillir la hache de tonnerre, lorsqu'elle serait revenue à fleur de terre, la septième année à la même heure ; le succès couronna sa persévérance. C'était donc un joyau de famille que l'on conservait avec tout ce qu'on avait de plus précieux. En effet, lorsque M. Nikles vit cette jolie pièce pour la première fois, elle se trouvait dans un petit coffret, avec des images de la Vierge d'Einsiedlen, une petite croix dorée, quelques pièces d'argent, etc. Impossible de l'acheter à aucun prix : « C'est un souvenir de famille, puis elle nous préserve de la

1. *Voyage en Sibérie*, traduit de l'allemand, Paris, 1767, tome II.

foudre. » Une fois, on se fit accompagner d'un prêtre, espérant que ses paroles suffiraient pour détruire cette vieille superstition, rien ne fit. La foudre ne frappe jamais deux fois le même endroit, et il suffit de posséder une pierre du tonnerre pour être préservé. C'est là l'opinion la plus ancienne, la plus universelle ! Aussi verrons-nous en France comme en Suède que pour protéger les maisons on avait coutume de placer une hache de pierre ou un couteau de silex dans le mur ou sous le seuil. Certains peuples du Nord, au premier bruit du tonnerre qu'ils entendaient, frappaient de ces pierres trois fois les endroits par lesquels la foudre aurait pu entrer.[...]

On affirme que les matelots de la Manche voient venir les orages sans les redouter, si le coin de la foudre est caché dans la cabine du capitaine. Dans la Cornouailles, ces pierres annoncent les changements de temps par la variation de leurs nuances. En Allemagne, elles suent à l'approche de la tempête.

Etc., etc., superstition universelle dont Cartailhac donne par ailleurs une terminologie qui montre bien l'unité cosmogonique du thème.

Plus récemment, P. Saintyves a rapporté des exemples de persistance de ces croyances en France et particulièrement dans le Morbihan[1] où les haches préhistoriques seraient encore porteuses de bonheur, vertu qu'il n'est pas inintéressant de rapprocher de celles que l'on a dû attribuer aux haches que l'on enterrait avec les chefs morts dans les tumulus armoricains, les haches étant là en qualité d'objets nécessaires à la survie dans l'autre monde, c'est-à-dire, en quelque sorte, qu'elles étaient le gage d'une survie heureuse. On se conciliait par là les grâces des puissances invisibles tout en s'en protégeant... Et que pourrait-on dire de la vertu des dessins de déesse-mère, abstraits comme ils le sont le plus souvent dans les figurations gravées sur les montants des allées couvertes ou des dolmens dans le Morbihan ? La puissance femelle, anarchique dans son don de la vie comme dans ses arrêts de mort, serait « neutralisée » en même temps qu'on l'invoquait ainsi par l'incision au burin, la vertu « artistique » du dessin n'ayant que faire en l'occurrence, contrairement aux « idées » de l'abbé Breuil.

1. P. Saintyves, *Pierres magiques : bétyles, haches, amulettes et pierres de foudre*, Paris 1936.

LE VISAGE FEMELLE

Il est remarquable de constater que certaines figurations ont été « déchiffrées » comme autant d'objets ou d'animaux ou de symboles abstraits, avant d'être définitivement (chaque fois qu'on ne trouvait pas d'explication satisfaisante au dessin) classées dans le casier des représentations de la déesse-mère. C'est dire qu'il faut tout de même se méfier d'une trop grande généralisation. On sait que ce culte est *probablement* venu de la mer Egée, avec des résurgences çà et là (en Europe centrale, peut-être). Il a rapidement investi tout l'éventail des pétroglyphes, de sorte que l'on peut dire que les autres dessins ne représentent que les accessoires de la déesse-mère : charrues, chevelures, haches, poignards, etc. D'où l'assimilation complète des dessins à ce culte de la femme génitrice.

Les principaux sites se groupent ainsi d'après la classification de l'abbé Breuil[1] :

1° *Les figures humaines isolées*. Exemple : les figures dites en « palmier » ou en « bouclier » des montants de la galerie coudée des Pierres-Plates, à Locmariaquer. Notamment le 10e montant de droite. Caractéristique : la « tête » est presque inapparente, au profit du « tronc » dont on voit bien l'échancrure supérieure correspondant au tracé du « collier ». Autre exemple : le soi-disant « poulpe » de Luffang qui serait une déesse-mère *contenue* (selon l'abbé Breuil) à l'intérieur d'une représentation plus grande et plus nette de la déesse. Autre exemple encore : la figure en « marmite » de l'Ile-Longue, du 2e montant de gauche de la galerie d'accès. Le corps, énorme, est surmonté d'une « chevelure » nettement visible.

2° *Les figures humaines associées à la hache*. Exemple : les pétroglyphes du plafond de Kercado ; la grande hache en relief du dolmen de Penhape, à l'Ile-aux-Moines ; les haches de l'allée couverte de Mané-Rethual, à Locmariaquer.

3° *Les figures humaines complexes* qui se seraient superposées les unes aux autres sur un support primitif qui serait le montant lui-même, considéré comme « stèle anthropoïde ». Exemples : les montants de Kercado ; ceux du tumulus géant de Tumiac, à l'autre bout du golfe du Morbihan.

4° *Superposition de figures et de styles*. Groupe en fait très difficile à distinguer du

1. Abbé Breuil, Zacharie Le Rouzic, Miss M. E. Boyle, ***La figure humaine dans la décoration des allées couvertes du Morbihan***, 1938.

précédent. Exemple : les montants de Gavrinis, où se superposent les figures ondulées fortement incisées, les haches et un grand nombre de gravures plus indécises relevées par l'abbé Breuil.

En fait, ces figurations ne sauraient être étudiées hors d'un contexte plus général, un ensemble très riche (hispano-portugais) paraissant en rapport très direct avec ces visages de la déesse, et, par ailleurs, certains éléments décoratifs semblant être venus tardivement d'Irlande se surajouter à cet étonnant complexe armoricain (voir plus loin le texte sur Gavrinis).

Nous donnons ci-contre, pour éviter de trop longues digressions sur ce sujet, un tableau comparatif des schématisations femelles armoricaines en relation avec une figure tardive de la vallée du Petit-Morin, sans prédiction quant à leur évolution chronologique.

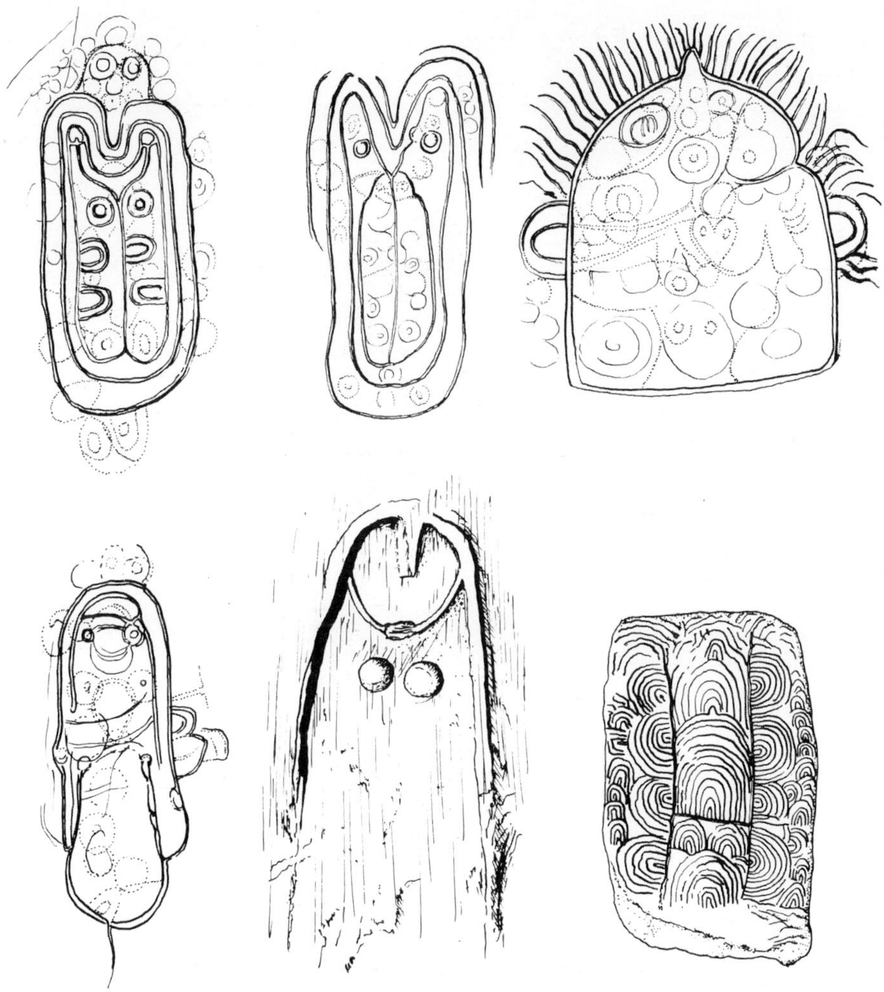

La déesse-mère mégalithique. De gauche à droite et de haut en bas : figure en écusson, les Pierres-Plates, Locmariaquer ; le « poulpe » (torse féminin ?) de Luffang ; la « marmite » (corps féminin chevelu) de l'Ile-Longue ; visage associé à une hache de pierre polie, dolmen de Penhape, Ile-aux-Moines ; figure évoluée sculptée dans les grottes crayeuses de la vallée du Petit-Morin (buste féminin avec collier et seins) ; ornementation abstraite (chevelures et rostres répétés indéfiniment ?) d'un montant de Gavrinis.

Page suivante : Un grand menhir « christianisé » : celui de Saint-Duzec en Pleumeur-Boadou, Côtes-du-Nord.

Quatrième journée

le Dolmen et le Menhir

« L'état de ses aïeux ; les frustes cathédrales ;
Voire le fier menhir, l'original cromlech.
Le dolmen sous lequel le sol est toujours sec. »

Raymond Roussel.
Nouvelles impressions d'Afrique.

« Que faites-vous de ces témoignages erratiques, absolus ; de la pure érection des menhirs ; des autels au dieu inconnu ; de l'entêtement sacerdotal ; de l'exhaussement de signes lapidaires uniques sur le désert ; du fait de l'immense existence ? »

Michel Deguy,
Poèmes de la presqu'île,
Gallimard, 1961

PARTIR DES DOLMENS

Aujourd'hui, le temps s'étant mieux levé que jamais (de quoi d'autre que du temps pourrions-nous parler ici, quand nous ne parlons pas des pierres ?), nous décidons de nous livrer complètement aux ***formes*** de nos pierres, à leur étrange ***comportement formel***, et cela dans leur plus grande animosité, car, reconnaissons-le, il y a comme une sorte d'excitation furieuse, dont nous avons bien l'impression qu'elle est ***mutuelle***, des pierres à notre adresse et de nous-mêmes à leur encontre. Et c'est dans leur forme la plus simple qu'elle nous convient le mieux à cette excitation.

Aussi nous allons partir du côté gauche de notre carte (la verticale Quiberon-Plouharnel-Locqueltas) et, drainant nos images de dolmens et de menhirs simples, balayant la région de la gauche vers la droite, nous irons jusqu'à Locmariaquer, jusqu'à la grande complexité de ses tumulus géants, jusqu'à la ***raideur*** finale de son grand menhir brisé, qu'on appelle toujours la ***Pierre-de-la-fée***. Le premier, le plus émouvant peut-être ici, est celui de Kernant ou de Cruz-Menquen, au bourg de Carnac : surnommé « pierre-chaude », bouleversé mais rebâti il porte une croix énorme, maçonnée dans son dos, signe agressif de l'appropriation par l'Eglise de ces monuments insupportables. Constatation immédiate, les deux monuments les plus proches de l'église du village sont christianisés à leur mesure : le dolmen par une croix, le tumulus Saint-Michel par une croix *et* une chapelle...

Filant vers Plouharnel, nous observons, sans nous arrêter, le dolmen de Kergavat, surplombant le talus droit de la route (dans l'alignement se trouve l'immense couvent de bénédictines) : victime des constructeurs de route, que fustigeait si bien Mortillet autrefois, il a perdu, entre autres attributs, un cabinet latéral[1]...

1. « Les ponts et chaussées en ont déjà brisé beaucoup dans ce pays », déplorait Mérimée en 1834.

LES CUPULES D'ER-ROH

Après Plouharnel, où nous verrons plus longuement tout à l'heure les trois dolmens de Rondossec, nous descendons plein sud sur l'étroite bande de terre qui porte, appendue, la presqu'île de Quiberon. Sans aller toutefois jusqu'à Saint-Pierre, nous tournons sur la première route à droite avant l'entrée du bourg : les maisons neuves se suivent et, de proche en proche, nous sommes au hameau de Roch-en-Aud où l'on peut admirer l'un des plus étranges dolmens qui soit au monde, celui d'Er-Roh. Dolmen à galerie et à encorbellement, Er-Roh a une chambre carrée exposée au sud-est, et cet extravagant entassement de pierres mal fichues, ***encorbellées*** les unes par-dessus les autres, qui lui donne un aspect particulièrement saugrenu sur ce petit carré d'herbe entre quatre maisons modernes. Il faut, pour le photographier, pratiquement s'asseoir sur le haut du perron le plus proche. Exposé à l'exploitation légendaire — autant qu'à l'intérêt des touristes — il présente une exceptionnelle couronne de cupules dont certains préhistoriens ont voulu regarder la pratique comme un équivalent du langage écrit. L'usage de la cupule est en effet l'un des témoins d'une « pratique magique de communication » que partagent entre eux les peuples sans écriture, mais dont nous avons perdu à jamais la clé. Disons tout de même que nous ne pensons pas que la disposition des cupules les unes par rapport aux autres puisse avoir un sens (trop de cupules sont isolées, il faudrait alors concevoir qu'elles aient un rapport significatif ***d'un monument à l'autre) ;*** cependant l'intention magique doit résider, pour une part importante, dans le geste à répétition qui faisait que se trouvait creusé peu à peu, par frottement (le feu ?) accompagné de quels rituels ? de quelles psalmodies ?, un trou, par lequel certaine litanie devenait alors ***ancrée,*** certaine prière, certain exorcisme, ***enfoncés*** dans la pierre du monument.

LES MORTS ENTASSÉS DU BORD DES MERS

La route vers les falaises de Port-Blanc, près de l'observatoire de Beg-Naud, mène, à travers les dunes fouettées par le vent océanique, vers l'aplomb fantastique de cette côte « sauvage » où l'herbe grise empêche à peine l'envol de sables. Ici, au sommet de l'une des falaises les plus hautes, face à une mer

Le dolmen d'Er-Roh en Saint-Pierre-Quiberon et sa pierre à cupules.

Presqu'île de Quiberon : la côte sauvage et les dolmens de Port-Blanc.

aveuglante et dont le bruit couvre toute parole, Gaillard explora en 1883 deux dolmens en ruine dont on voit encore schématiquement le soubassement, au bord de l'à-pic, tellement proches de cet abîme grondant qu'on craint bien que quelque assaut répété des vagues ne fasse un jour s'effondrer la parcelle de falaise qui les porte encore. Ici commence le royaume des sépultures collectives où les squelettes s'entassaient comme en de prodigieux charniers ***couvés par l'écume magnifique des mers ;*** je ne veux pas dire que les monuments mégalithiques funéraires de l'intérieur n'avaient pas ce privilège de recevoir généreusement les morts, mais seulement que c'est au bord de la mer que, par coïncidence sans doute, s'exhument ces monceaux décharnés. Les peuples qui vécurent là, au Mésolithique, comme au Mégalithique, « entassaient ». Au Mésolithique (celui des îlots de Téviec et de Hoedic, de Houat, d'Er-Lannic aussi probablement) ces hommes-pêcheurs, par clans assemblés sur ces maigres promontoires, amoncelaient leurs détritus (les restes de poissons, de crustacés, de silex, d'os) comme ils amoncelaient leurs morts : c'est-à-dire sans leur donner plus la moindre importance ***dès lors*** qu'étaient achevés repas funèbres ou opérations de décharnement rituel. Une fois le mort dans l'au-delà, son « reste » n'était plus qu'un morceau de sol. A Port-Blanc, Le Rouzic a pu parler d'« agglomération d'ossements », comme on a pu parler de civilisation des *Kjœkkenmœddings*[1] pour ces entassements de débris de cuisine si importants quelquefois qu'on n'y repère qu'avec beaucoup de mal les traces de foyers rituels. Plus bas, à Téviec, Marthe et Saint-Just Péquart exhumèrent dans les années 30 un ensemble de sépultures contenant les restes de 23 sujets, véritables caveaux de famille où les morts étaient enterrés, souvent dans les bras les uns des autres, le corps ligoté en flexion forcée, et où les cadavres étaient « enveloppés » dans des enchevêtrements de ramures de cerfs. Croyances funéraires inspirées par des terreurs dont la science nous échappe mais dont l'ampleur a dû susciter certain esprit qui, plus tard, présida à la pureté architecturale du Mégalithique...

1. « *Kjœkkenmœddings* ou *kjœnmœdings*, mot danois signifiant « déchets de cuisine » !

DOLMENS DE LA RÉGION DES ALIGNEMENTS

Les dolmens de la région comprise entre Plouharnel et Locmariaquer sont remarquables à plus d'un titre : ceux que l'Etat a protégés et restaurés (ils sont marqués d'une borne M.H.P.E., ***monument historique, propriété de l'Etat***) manifestent leur qualité de construction sépulcrale simple ou complexe, mais toujours leur état élaboré reste le reflet précis et *significatif* de leur fonction d'éternité. Massifs ou rayonnants, droits ou à cabinets latéraux, on les rencontre un peu partout. Signalons-les pour leurs particularités (et d'ouest en est).

GROUPE DE CRUCUNO

Outre le gros dolmen trapu dans le hameau (dont j'ai parlé dans la préface), il faut signaler le très beau monument de Mané-Croc'h, sur la petite route du bourg, non loin de Kerbernesse, à gauche, en haut du talus. C'est assurément l'un des plus beaux monuments de ce genre en Bretagne : dolmen à galerie ayant quatre chambres latérales, deux de chaque côté, une entrée sud-sud-est (comme la plupart des dolmens), le tout donnant une formidable impression d'ordre architectural. Non loin, après un certain nombre de dolmens ruinés, on trouve, et ce assez près de la plus vieille croix de Bretagne, celle du Hahon, le dolmen de Cosquer dont la table, énorme, ressemble à une boîte de camembert...

GROUPE DE LA LIGNE PLOUHARNEL-KERGROIX

Si l'on emprunte la R.N. 168, partant de Plouharnel, on rencontre d'abord le groupe des trois dolmens de Rondossec, à l'intérieur même du bourg de Plouharnel. Ces trois monuments, aujourd'hui à l'air libre, étaient autrefois compris dans un tumulus circulaire qui devait être assez considérable[1]. Ce tumulus a été l'un des premiers à recevoir la visite d'hommes éclairés, hommes de prescience ici, puisqu'on y découvrit, dans un vase noir déposé dans le premier dolmen, deux bracelets en or. Le groupe est maintenant envahi par de mauvaises herbes, entre les maisons, à mi-chemin d'une gare et d'une école... Puis, à trois kilomètres de Plouharnel, sur la gauche de la nationale, en empruntant la déviation qui mène aux quelques maisons de Runesto, on découvre sur la gauche, faisant saillie sur la terre labourée, l'énorme dalle de couverture du dolmen de Runesto qui a elle seule fait tout l'intérêt du détour (la

1. Voir l'étonnante description donnée par A. Carro, *Voyage chez les Celtes, ou de Paris au Mont Saint-Michel par Carnac*, 1857.

Croix archaïque du Hahon en Carnac, taillée dans un menhir.

Dolmens de Keriaval.

galerie a disparu, et la grande quantité de haches en chloromélanite et en fibrolite que l'on y découvrit entre 1840 et 1866 étant bien sûr au musée de Saint-Germain-en-Laye...). Mais cette dalle, aux bords curieusement émoussés, fait forte impression[1], et malgré la bruine qui tombe à notre arrivée là, nous ne résistons pas au plaisir de la photographier sous plusieurs angles : mais elle court à ras de terre, l'ancien tumulus a été arasé par le labour, la dalle s'écrase contre ses assises comme un crapaud peureux... On peut descendre à l'intérieur du dolmen par six marches abruptes, dans le fouillis des fougères, la tête à la hauteur du lierre qui s'est accroché à la face inférieure de la dalle de couverture et dont les feuilles vertes se tournent vers la lumière de l'entrée...

1. Elle porte aussi des cupules nombreuses, difficiles à distinguer parmi les mosaïques des lichens.

Plus loin, toujours sur la gauche de la R.N. 168, un peu avant le croisement avec la route qui mène à Quelvezin, et si

Dolmen de Roc'h-Feutet.

l'on prend la précaution de grimper par quelques marches de pierre sur le haut du talus élevé, et d'écarter les gros massifs d'épineux qui y croissent en toute saison, on peut visiter les trois dolmens à galerie de Mané-Kerioned (dont un à grand dallage) autrefois contenus dans un tumulus allongé qui était limité par un péristalithe. Ce groupe est très impressionnant : d'abord par la disposition des monuments (l'entrée du 1er et du 3e est au sud, celle du 2e est à l'est), ensuite par le fait que le 1er dolmen a huit supports gravés (des figurations de haches emmanchées très schématiques), enfin par le dallage du 2e dolmen qui aurait été — selon Le Rouzic — recouvert d'une couche de galets ronds. Enfin signalons deux faits troublants : la découverte, par des carriers, au sud de la route, en 1904, d'un puits de 1,20 mètre de profondeur qui contenait un percuteur et des restes de foyer, et, tout à côté, une ardoise percée d'un trou où figuraient peut-être des dessins représentant des poissons...

Un peu plus loin encore, mais à droite de la route, dans un espace relativement mieux découvert, le dolmen de Kériaval, dont il n'y a rien de particulier à dire sinon qu'avec ses quatre cabinets latéraux, dont deux sont encore en place, il devait être écrasant. Quelques menhirs, dont certains sont encore debout, au nord et au sud de ce dolmen, semblent marquer les restes de quelque alignement, mais si haut au-dessus de Carnac qu'il vaut mieux se remettre à la contemplation du dolmen (il est d'ailleurs magnifique de puissance) si l'on ne veut pas, par un esprit trop vagabond, se retrouver en compagnie des rêveurs celtomanes et des partisans du ***dracontium...***

GROUPE DE CRUCUNY-LE MOUSTOIR

En prenant, sur la droite, la petite route qui mène à Crucuny, on explore un groupe nouveau où dominent les tumulus encore en place[1], et qui préfigure en somme le groupe des géants de Locmariaquer. Le premier monument ici est le tumu-

Intérieur de la chapelle de La Madeleine (en 1967).

lus de Crucuny : on le distingue de loin, et par le temps éclatant qu'il fait quand nous l'abordons, il se découpe violemment contre un ciel blanc. Mais nous ne nous y arrêtons pas : le tumulus est entièrement envahi par les ronces et l'on ne distingue même pas le menhir sommital dont on nous a pour-

1. On sait que, selon une théorie difficile à contester, les dolmens auraient été tous enfouis sous des tumulus lors de leur construction.

tant dit qu'il portait quelques signes gravés. Cependant on y trouva autrefois un petit canard en bronze, des squelettes accroupis et même une statuette de Vénus anadyomène de facture gallo-romaine. Souvenirs troublants et incongrus devant pareille motte de pierraille, pareil tombeau collectif monumental, qui rend sans appel tout ce qui s'intercale entre nous et ***ceux de la mégalithé.***

Le Moustoir maintenant, tumulus allongé au bord de la route au sud des maisons du hameau. Celui-ci impressionne par ses dimensions : 85 mètres de longueur, 36 de largeur, 5 de hauteur. Et aussi le fait que le galgal de pierres recouvre des chambres à encorbellement dont on sait qu'il s'agit de la forme dolménique la plus ancienne connue et qu'elle est en relation

Le dolmen ruiné de La Madeleine.

(mais par quelle voie détournée ?) avec les ***tholos*** égéennes. Le monument repose sur une chambre dolménique (fermée à clef !) et est entouré par des menhirs isolés dont un au moins, à quelques mètres à l'ouest, derrière une haie, semble être l'***indicateur*** de la sépulture.

Le périple continue maintenant par deux fort beaux dolmens, celui de Roc'h-Feutet et celui de La Madeleine. Pour y parvenir, reprendre la route du Moustoir vers le nord, franchir le croisement avec la route qui vient de Kerlescan, puis prendre à droite au bout d'un chemin de terre qui traverse un

L'allée couverte des Pierres-Plates à Locmariaquer.

champ cultivé. Au sommet d'une faible éminence, et à la limite des genêts, on aborde le dolmen de Roc'h-Feutet (la ***Roche-Fendue***), sépulture massive (on y découvrit, parmi des ossements humains, des dents de chevaux qui paraissaient avoir subi l'action du feu) dont se dégage une très forte impression de puissance et d'équilibre architecturaux. La symétrie est parfaite, le surbaissement du linteau surprend, le tout est comme « ramassé » sur la terre.

De là on distingue déjà très bien, à la pointe du champ qui s'étend presque à perte de vue, la masse du dolmen de La Madeleine, ainsi nommé parce que le sort des conjurations a placé tout auprès une fort triste chapelle dite de La Madeleine.

Figure de déesse-mère en « palmier » (buste féminin) des Pierres-Plates.

Stèle à écusson (buste féminin) et à haches du Mané-er-Hroeh.

Allée couverte des Pierres-Plates : support gravé, figure en écusson.

On atteindra d'ailleurs plus facilement la chapelle en empruntant le chemin empierré du lieu-dit Kergueno (on peut y laisser l'auto). Un long sentier de terre battue conduit à la chapelle qui est abandonnée[1] : à l'intérieur, seule la statue de la Madeleine est intacte, mais le crucifix qu'elle a dans les bras est cassé, le fer qui en fait l'armature est visible, le plâtre fiche le camp. Je redresse sur l'autel éventré une moitié de Marie, tombée sur l'une de ses mains et l'une aussi de l'enfant Jésus. Le reste des statues gît en tas. Quant au toit, il s'effondre un peu partout. Dans un pré à côté, la vieille fontaine est remplie de pourriture. Nous avons beaucoup de mal alors à rejoindre le dolmen sans trop écraser les jeunes pousses de blé qui l'entourent. Le sommet de la dalle (énorme, elle a véritablement « dévalé » du haut de ses supports) porte aussi des cupules. Nous grimpons dessus à tour de rôle. Le soleil est haut, il fait du vent et ma vue porte suffisamment loin pour que l'agrément d'être ici fasse bien partie de l'étonnement du voyage.

1. 1985. Avec sa fière couronne d'arbres, sa chapelle entièrement reconstruite en pierres du pays, sa fontaine guérisseuse, la flèche de son dolmen piquée sur l'étendue des champs labourés, La Madeleine est aujourd'hui l'un des sites les plus évocateurs de la région du golfe. Un bel exemple aussi de ce mégalithisme rural et maritime particulier au Morbihan (note de J.-R.M.).

LES TUMULUS DE LOCMARIAQUER

Laissant derechef la région de Carnac, nous empruntons la route de La Trinité-sur-Mer et, franchissant la rivière de Crach par la R.N. 781, nous arrivons au hameau de Kerroch (son dolmen, bien conservé, est visible, dans le petit bois de pins au sud) et enfin à l'embranchement qui mène, vers le sud-est, à Locmariaquer, port, peut-être, des Vénètes que combattit César (on y situa longtemps arbitrairement l'ancienne capitale, Dariorigum). Ce village agréable, dont le petit port abrite les meilleurs chasseurs de homards de la région et des cultures d'huîtres qui ont fait sa richesse, a le mérite d'être le lieu de rassemblement des plus grands tumulus du monde et des plus belles allées couvertes sous tumulus qui soient. En outre, l'abondance et la variété des ornementations qu'ils recèlent ne le cèdent, en beauté, qu'aux spirales fantastiques de Gavrinis, à quelques kilomètres de là, dans le golfe.

Sans doute convient-il de faire comme nous avions décidé ce jour-là de faire, Jean-Robert et moi : prendre l'ensemble par l'extrémité sud (par les Pierres-Plates) et, en remontant de proche en proche, finir par le grand menhir brisé.

L'ALLÉE COUVERTE COUDÉE DES PIERRES-PLATES

Les Pierres-Plates, face à la mer, constituent l'un des plus beaux sites qu'il soit donné de voir dans le Morbihan. Les grandes dalles « plates » émergent à peine du sol, comme les écailles aplaties d'un énorme boa dont l'échine aurait été déviée d'un coup sec. Son entrée, ensablée, est marquée d'un menhir indicateur qui porte une énorme cupule. A l'intérieur douze supports sont gravés d'écussons en forme de « palmiers » qui seraient, selon l'abbé Breuil, des figurations thoraciques de la déesse-mère, la tête étant aussi gravée, mais peu visible pour un œil non averti. Ces sculptures, fort belles, surprennent tant elles paraissent fraîches, et tant leur schématisation appelle de commentaires.

LE GALGAL DE MANÉ-ER-HROEH

Remontant vers le village, sur la gauche de la route, on accède au tumulus éventré de Mané-er-Hroeh, galgal énorme, sorte de sablier de blocailles dans lequel s'enfonce le sentier qui conduit à la chambre (autrefois fermée et enterrée bien sûr). Celle-ci, petite mais émouvante, tant l'impression d'effondrement imminent se fait ici sentir, a son plafond étayé par quatre piliers de maçonnerie. La voûte suinte à grosses gouttes. Un éboulis obstrue en partie l'entrée. Cette chambre dolménique est célèbre, outre l'effarante quantité de haches en pierre polie qu'y découvrit la Société polymathique du Morbihan en 1863[1], par la stèle gravée qui en murait l'entrée : « déportée » à l'intérieur, à gauche de l'entrée quand on regarde dans la direction de l'extérieur, celle-ci est décorée de nombreuses figures de haches emmanchées et d'un écusson « en marmite » comparable à celui de l'Ile-Longue. Stèle très simple au demeurant, de 40 centimètres de large sur près de 1,20 mètre de haut. Le fait que cette pierre, isolée, ait été trouvée ***devant*** l'entrée de la chambre, qu'elle ***scellait*** ainsi, prouve sans doute que les figurations de déesse-mère comme celles de haches (emmanchées ou non) devaient servir de ***signaux d'interdit.*** On ne peut

1. 101 haches en fibrolite, une en chloromélanite et un disque en jadéite.

s'empêcher de penser ici aux figures, beaucoup plus tardives, qui ornent l'entrée des chambres creusées dans la craie de la vallée du Petit-Morin[1], où des figures féminines (avec seins et colliers très visibles) alternent avec des poignards qui *visent* le « porche » par lequel un intrus devait passer pour aller de l'antichambre à la chambre funéraire elle-même. Mais aussi (toutes les hypothèses sont plausibles) il se peut que les figurations symbolisent ici les biens terrestres (en relation avec les cultes de la fécondité humaine ou agraire) que des nécessités

1. Notamment, les « grottes » de Courjeonnet et de Coizard. Cf. à ce sujet, J. de Baye, *L'archéologie préhistorique*, 1888.

La Table-des-Marchands, « vue » par Fréminville.

vitales de survie du clan auraient empêché d'enterrer avec le mort : la femme-gravide et les haches-charrues de l'agriculteur.

Dans la propriété qui sépare le tumulus de la mer, le long de la clôture qui borde le chemin d'accès, d'énormes blocs menhiriformes sont couchés en files, restes probables d'un alignement mégalithique en rapport avec le tumulus.

TUMULUS DE MANÉ-LUD (« MONTAGNE DE CENDRES »)

Au bout d'un petit chemin qui fait le tour du tumulus, sur la droite quand on vient du nord, à l'entrée du village de Locmariaquer, en face de grands pins splendides. On entre dans le monument par un petit escalier très raide flanqué contre un mur de ferme bien agressif. L'intérieur, très vaste et

Le peintre Jorand juché sur la dalle de couverture de la Table-des-Marchands.

glacial, offre surtout l'intérêt de montants qui portent des signes gravés, cruciformes ou asciformes, multiples, associés également par l'abbé Breuil et Le Rouzic au culte de la déesse-mère[1].

1. Le Rouzic mit au jour, sous le dallage du monument, des petites plaquettes d'or martelé.

Le tumulus qui s'allonge vers l'est est implanté d'une ligne de sept petits menhirs ***sur lesquels*** se trouvaient des débris de têtes de chevaux : cas exceptionnel de mise en scène funéraire qu'on aimerait bien voir reconstituée, au moins par une maquette, tant imaginer cela est difficile dans un tel contexte.

DOLMEN DE MANÉ-RETHUAL (OU MANÉ-RUTUAL)

Emprunter le chemin entre deux maisons qui prend à droite après la route qui va au dolmen de la Table-des-Marchands. Au bout de quelques carrés de choux travaillés en équerre, à un

Intérieur de la chambre sépulcrale de la Table-des-Marchands, à Locmariaquer. ▶

coin de mur à gauche, on débouche sur le grand dolmen (et sa table de 11 mètres de long) qui bouche toute la vue.

Pour en photographier l'ensemble, J.-R.M. est obligé de se hisser sur le faîte d'un mur mitoyen. L'intérieur est gigantesque, la chambre, immense, est coupée en deux par le support du fond, derrière lequel le bout de la grande dalle de couverture est étayé par trois poteaux de béton. Deux supports sont ornés de figures de haches emmanchées (dont l'une au moins devait être en métal) associées avec des figurations, nettement moins faciles à identifier, de déesses-mères.

A 50 mètres au nord-ouest, à un croisement de deux sentiers juste avant le grand champ de blé, trois grandes dalles envahies par les ronces seraient les restes d'un autre grand dolmen détruit. A l'heure qu'il est, d'ailleurs, le roncier, comme les dalles, a dû être démoli au profit des choux...

DOLMEN DE LA TABLE-DES-MARCHANDS

Certainement le plus célèbre des dolmens armoricains. Depuis Fréminville et Jorand chacun s'est appliqué à le « portraiturer », et depuis Le Rouzic, l'abbé Breuil et P.-R. Giot, la littérature qui lui est consacrée s'est accumulée de manière fort étonnante : c'est que ce monument recèle des signes gravés qui sont (en dehors de ceux de Gavrinis) parmi les plus reproduits, les plus commentés, les plus célébrés de tout l'art dolménique. Mais n'anticipons pas et parlons tout d'abord du monument.

On visite la Table-des-Marchands comme il siérait de visiter une crypte de cathédrale : à demi-dégagée du reste du tumulus de 36 mètres de diamètre qui la recouvrait autrefois tout entière. On accède à l'entrée de la chambre proprement dite par une grande grille de fer (seule la gardienne, mademoiselle Jeanne-Marie Godec, en a la clé), précédée d'un puisard grillagé dont le rôle est de draîner les eaux de ruissellement qui risqueraient d'endommager l'intérieur du monument. L'éclairage (seul dolmen dans le Morbihan où cela ait été prévu) est donné par deux soupiraux latéraux qui procurent une lumière assez diffuse mais suffisamment rasante pour que les motifs sculptés sur les parois soient très apparents.

Quant à l'ornementation, elle se polarise notamment sur la grande pierre-idole du fond et sur la dalle de couverture. La pierre du fond porte, sur toute sa surface, une figure en « marmite » dont la partie supérieure est « chevelue » et dont

Pages précédentes : La Table-des-Marchands et le « gigantisme » romantique dans l'œuvre de Félix Benoist.

l'intérieur est rempli de figures de crosses recourbées dessinées à quatre niveaux différents. On a évidemment brodé sur de tels motifs jusqu'à y voir des bateaux à rames, une marmite remplie d'épis de blé, une croix, etc. La représentation de déesse-mère semble bien sûr la plus probable sans qu'on puisse dire à quoi correspondent les figures des « crosses-épis », si caractéristiques de l'art dolménique morbihanais. Peut-être s'agit-il là d'amulettes de parement comme en portent, par exemple, les chamanes sibériens, « insignes » conjuratoires liés à des concepts totémiques... Mais tout est possible devant une telle figure quand on a déjà tant de mal à trouver des mots pour la décrire[1].

Enfin la face inférieure de l'énorme table de couverture (elle mesure 5,40 mètres de long, 2,70 de large, et plus d'un mètre d'épaisseur) porte de façon très voyante une gravure de hache emmanchée (charrue primitive) avec anneau de fixation sur le dessus : le dessin est très réaliste, la « houe » anté-historique apparaît enfin pleinement.

1. Voir Z. Le Rouzic et Ch. Keller, *Locmariaquer, la Table-des-Marchands, ses signes sculptés et ceux de la pierre gravée du dolmen de Mané-er-H'hroëk*, Nancy, 1910.

LE PLUS GRAND MENHIR DU MONDE

La pente qui descend doucement (c'est un assez beau pré au printemps) vers les quatre tronçons du menhir cassé d'Er-Grah est certainement l'endroit d'où il convient le mieux de contempler cet énorme reste, comme foudroyé, d'un effort plusieurs fois millénaire. On pourrait écrire un livre dessus (je ne m'y risquerai pas), sur les motifs de l'érection d'un tel monument (ce n'est pas sans rapport avec le mythe de la tour de Babel), sur son antiquité, sur ce qui a fait qu'il ne fut jamais dressé (ou sur ce qui a fait qu'il est « tombé »), sur les cultes phalliques qui s'y sont attachés de toute antiquité, etc. Plus prudemment, je me contenterai de reproduire ici l'étude que lui consacra l'un des meilleurs spécialistes de la fin du siècle dernier, Philippe Salmon[2].

2. Philippe Salmon, *Le grand menhir de Locmariaquer*, L'Homme, 10 avril 1885.

Le grand menhir de Locmariaquer est le plus considérable qui soit connu ; si considérable, qu'on a été tenté, au moyen d'une interprétation contestée du périple de la terre par Scymnos de Chio, de le considérer comme une des limites de l'ancien monde.

[...] Quelle est cette colonne ? On l'ignore absolument. Vinding veut y voir Calpe. C'est impossible. Cette colonne boréale

est une expression poétique de quelque grande chaîne dont le pic le plus élevé serait une des colonnes du ciel *qui faisait au nord le même office que l'Atlas à l'ouest, l'Etna au sud, le Caucase à l'est.*

[...] Par son extrémité vers l'occident cette colonne s'avançait au loin dans la mer à l'extrémité de la Celtique. Sous cette image semble cachée la notion de la proéminence des côtes de la Bretagne (promontoire de Calbium *d'Eratosthène, de* Gobœum *dans Ptolémée), notion que les voyages aux mines stannifères de Cornouailles avaient dû donner de bonne heure.*

Le géant de Locmariaquer n'a point été visé par Scymnos ; mais, planté dans une presqu'île, sur la crête d'une éminence, il dominait l'Océan d'un côté, de l'autre l'embouchure du Morbihan ; on devait l'apercevoir de loin en mer ; il a donc dû, depuis la période néolithique, servir de repère aux navigateurs, soit aux pêcheurs du littoral, soit aux métallurgistes de l'âge du bronze en quête de chargements d'étain. Comme pour d'autres menhirs, notamment celui du Croisic, cet usage nautique a persisté sans doute jusqu'à sa chute ; il est en effet gisant sur le sol, rompu en quatre tronçons, au lieu dit La Grotte, *ainsi désigné à cause du* dolmen des marchands *situé dans le même endroit; il est connu dans le pays sous les noms de* la Pierre de la Fée *ou* la grande Pierre.

A quelle époque est-il tombé et comment s'est-il brisé en morceaux encore respectivement étendus sans déplacement depuis ?

Un rapport de 1659, dressé par un lieutenant de l'amirauté à l'occasion de la perte d'un petit navire à la côte, parle de la grande pierre de Locmariaker *qu'on voyait du point du naufrage; cela s'appliquait-il à l'un des deux menhirs renversés à la base du Mané-er-H'roëc, mais de beaucoup moindre dimension ? Assurément non. Etait-ce au contraire le haut obélisque qui nous occupe ? C'est la dernière opinion qu'il faut certainement admettre. La* grande pierre de Locmariaquer, *c'est celle-ci, dans la tradition locale ; cette appellation n'appartient à aucune autre. La rédaction de 1659 établit donc entièrement que le grand menhir était encore debout à cette époque ; ce document est à Vannes, dans la collection de M. de Limur, à l'obligeance duquel sont dus ces renseignements.*

Les manuscrits du Président de Robien, devenu, au commencement du siècle dernier, propriétaire de grands biens à Locma-

Les restes « foudroyés » du plus grand menhir du monde.

riaquer, fournissent aussi de précieux éléments d'étude ; compris entre 1726 et 1756, le docteur de Closmadeuc les a compulsés à la bibliothèque de Rennes où ils sont conservés ; il y a copié un dessin qui donne le menhir allongé en quatre morceaux déjà sur le sol, comme aujourd'hui. C'est sans doute ce qui a fait dire que la chute remontait vers 1722 ; quant aux causes, le Président de Robien n'en dit pas un mot. Actuellement et depuis longtemps la foudre est rendue responsable de l'accident.

En 1841, dans une tournée entreprise à la demande d'Héricart de Thury, Tribert de Septmonts a visité les quatre blocs et les a dessinés après les avoir mesurés (archives de la Commission des monuments mégalithiques). Il a joint une restitution montrant l'effet présumé de la foudre sur l'obélisque, quand il a été frappé. L'identité entre la nature des quatre épaves, le rapprochement exact dans la configuration des cassures, tout concourt, selon Tribert, à prouver que ces blocs formaient originairement une seule pierre et que le monolithe avait été debout au lieu même où il repose brisé ; les lois mathématiques sur l'application des forces l'ont conduit à cette opinion : l'obélisque n'a été renversé ni par le vent, ni par un tremblement de terre, ni par la main des hommes, mais il a été frappé par la foudre obliquement, d'occident en orient, vers le premier tiers de sa partie supérieure ; le croquis de restitution encore inédit montre la cassure se produisant vers le premier tiers de la partie inférieure. Le morceau du haut, le plus long, précipité en avant, a chassé en arrière le morceau du bas, le plus court, en lui imprimant la révolution que tout le monde peut vérifier sur place. Le morceau du haut en atteignant le sol s'est rompu en trois. De la position spéciale et respective, examinée attentivement, il résulte, à n'en pas douter, que le monolithe a été debout et que c'est par la foudre qu'il a été abattu.

Daniel Beaupré, agent voyer à Auray, a cubé récemment le monolithe, et il a déterminé la densité spécifique de la matière au moyen d'un fragment même de la roche ; cette densité exacte est de 2 587,719 kg par mètre cube. Voici le détail de son opération :

Tronçons	Cubage	Poids
n° 1	71,90	186 057 kg
2	44,60	115 412,27 kg
3	11,80	30 536,08 kg
4	6	15 526,31 kg
Soit ensemble	....	347 531,66 kg

Si l'on s'en rapporte aux habitants et même à de nombreux géologues, la matière du grand menhir, comme en général des monuments mégalithiques importants de Locmariaquer, n'existerait pas dans le pays, ni même aux environs ; elle différerait essentiellement du granit local ; depuis les enrochements de la côte sud jusqu'aux carrières exploitées pour bâtir, ce granit serait le plus souvent calcaire, quelquefois même argileux, à grains serrés, facilement entamé par l'acier, tandis que le granit du grand menhir et du dolmen voisin (la table des marchands) est quartzeux, à gros grains, à cassure vitreuse, produisant des étincelles sous le briquet.

Tronçon principal du grand menhir de Locmariaquer.

La portion du grand menhir qui devait être enfoncée en terre a une couleur jaune de rouille et semble renfermer du mica qui lui donne une apparence schisteuse.

Il faudrait, assure-t-on, aller jusqu'à Pont-Aven (Finistère) pour trouver un gisement de granit analogue.

Mais pour un monolithe de 347 500 kg, l'esprit se refuse à toute idée d'un transport ou d'un traînage lointain par les hommes qui l'ont élevé ; on reste déjà confondu devant leurs moyens d'érection demeurés inconnus. Le génie moderne seul a remué de pareilles masses.

Le Dr de Closmadeuc a parlé d'un transport par les glaciers ; cette intervention est rejetée par beaucoup de personnes. Les géologues et les minéralogistes résoudront un jour ou l'autre le problème définitivement.

Cependant la mer, qui de temps immémorial dévore les côtes, a pu enfouir une partie des gisements. Les spécialistes en trouveront probablement encore assez de traces pour confirmer la pensée que tous les matériaux employés étaient à portée (...)

Avec les données du traînage à la claie dont Cartailhac a rendu compte dans les Matériaux *de 1876, on peut se croire autorisé : 1° A accorder un poids de 30 000 kg environ au bloc transporté par 300 à 400 Indiens sur une montagne d'Asie ; 2° à dire que chaque homme tirait une charge approximative de 75 kg ; 3° à penser qu'ils marchaient sur le pied de 400 mètres à l'heure.*

Le poids du grand menhir aurait, sur cette base, nécessité le concours d'environ 4 500 hommes ; les pentes du terrain sont douces, il n'y aurait pas eu de difficultés de ce chef ; il n'y en aurait pas eu non plus pour le temps, si un charroi par 4 500 hommes réunis peut être considéré comme praticable. Le nombre

aurait pu être diminué par l'emploi de bêtes de trait, la domestication des animaux remontant à la période néolithique.

Le récit de Cartailhac comprend aussi l'érection dans un trou creusé à une extrémité de la pierre, au point choisi pour le monument ; les Indiens ont amené à eux l'autre extrémité, au moyen de cordes attachées au sommet de la claie, jusqu'à ce que devenant vertical le bloc ait glissé dans le trou et pris son équilibre.

L'opération rapportée par Cartailhac ne saurait être révoquée en doute ; elle a eu des témoins oculaires dignes de foi qui l'ont décrite ; mais il s'agissait d'un poids de 30 000 kg environ, ce qui était déjà fort respectable. Faut-il admettre que le même procédé ait pu être appliqué à un poids de 347 500 kg ? Faut-il au contraire concevoir l'amoncellement d'un tumulus factice demi-circulaire au sommet duquel le monolithe aurait été conduit, puis glissé, le long de la paroi verticale, dans un trou du sol ferme ?

De l'art de la conversation mégalithique au XIXe siècle.
Dessin de Blair et Ronalds.

HAUTEURS COMPARÉES DES MENHIRS FRANÇAIS

Aucun menhir, dans le monde entier, n'approche de la hauteur de la grande pierre de Locmariaquer ; pour la faire ressortir à sa valeur, il convient de donner la longueur des plus élevés ; en se bornant à la France, on aura des points de comparaison suffisants. Voici la liste établie par G. et A. de Mortillet : Plésidy (Côtes-du-Nord), 11,12 mètres ; Plouarzel (Finistère), 11,05 mètres ; Louargat (Côtes-du-Nord), 10,30 mètres ; Kérien (id.), 9,63 mètres ; Dol (Ille-et-Vilaine), 9,30 mètres ; Plouarzel (Finistère), 8,77 mètres ; Pédernec (Côtes-du-Nord), 8,50 m ; Trégrom (id.), 8,50 mètres ; Scaër (Finistère), 8,33 mètres ; Pleucadeuc (Morbihan), 8 mètres ; Tregunc (Finistère), 8 mètres ; Bégard (Côtes-du-Nord), 7,50 mètres ; Canihuel (id.), 7,30 mètres ; Avrillé (Vendée), 7 mètres ; Fontaine-sur-Marne (Haute-Marne), 7 mètres ; Kérien (Côtes-du-Nord), 7 mètres ; Nizon (Finistère), 7 mètres ; Penmarch (id.), 7 mètres ; Plouescat (id.), 7 mètres ; Moustoirac (Morbihan), au lieu dit de Boisker, 6,60 mètres ; et au lieu dit de La Boulaye, 6,55 mètres ; Cuguen (Ille-et-Vilaine), 6,50 mètres ; Saint-Guyomard (Morbihan), 6,50 mètres ; Bourbriac (Côtes-du-Nord), 6,40 mètres ; Bazougers (Mayenne), 6 mètres ; Cajarc (Lot), 6 mètres ; Groix (Morbihan), au lieu dit de Saint-Sauveur, 6 mètres ; Ménéac (id.), 6 mètres ; Penmarch (Finistère), 6 mètres ; Plaudren (Morbihan), 6 mètres ; Treffiagat (Finistère), 6 mètres.

Ailleurs qu'en France on ne connaît aucun menhir plus élevé que celui de Plésidy (Côtes-du-Nord) ; ce dernier est encore de 10,38 mètres inférieur à celui de Locmariaquer, c'est-à-dire que pour l'atteindre il faudrait superposer deux roches comme celle de Plésidy.

Dossier 4

Le mégalithisme, origine, répartition et destination

ORIGINE DES CONSTRUCTIONS MÉGALITHIQUES

Les plus anciennes mentions, dans les textes écrits, des mégalithes, concernent des « pierres » sacrificielles ou votives, commémoratives d'événements ou de gens, et cela dans certains textes de la Bible, notamment dans la Genèse. Ainsi au chapitre XXVIII, après qu'il a eu son songe (celui de l'échelle), *Jacob se leva de bon matin et prit la pierre dont il avait fait son chevet et la dressa pour monument ; et il versa de l'huile sur son sommet. Et il appela le nom de ce lieu* Bethel *(maison de Dieu)...*

Un peu plus loin, au chapitre XXXI, nous assistons à un « entassement » symbolique, quand Laban demande alliance à son gendre Jacob : *Viens,* lui dit-il, *faisons alliance moi et toi et que cela serve de témoignage entre moi et toi. Et Jacob prit une pierre et il la dressa pour monument. Et il dit à ses frères : Ramassez des pierres. Et eux ayant apporté des pierres, ils en firent un monceau, et ils mangèrent là sur ce monceau. Et Laban l'appela* Jegar-Sahadutha *(monceau du témoignage)...*

Un autre exemple est également célèbre dans le chapitre IV du Livre de Josué, où il est fait mention d'une cérémonie à laquelle se livre Josué pour commémorer le passage du Jourdain par les douze tribus : douze pierres, prises dans le milieu du Jourdain, sont dressées sur le mont Guilgal *pour servir de mémorial aux enfants d'Israel à jamais.* Ces pratiques désignent bien le souci votif constant de peuples nomades de l'antiquité dans une région où justement on a retrouvé un grand nombre de constructions mégalithiques : ce que nous nommons le « berceau palestinien » sur la carte générale de diffusion du mégalithisme symbolise l'un

Alignements du Ménec.

des départs probables de « l'idée mégalithique ». En effet posons tout de suite que deux théories sont en présence : selon les uns, le mégalithisme aurait pris naissance au Moyen-Orient (Syrie-Transjordanie) pour se répandre ensuite vers l'ouest méditerranéen, et selon les autres, il serait né dans la péninsule Ibérique, au Portugal notamment, avant de se propager rapidement dans tout le bassin méditerranéen. Si l'on tient compte de l'évolution des types architecturaux dolméniques, la balance penche en faveur de la thèse portugaise ; mais si l'on tient compte de nos connaissances en matière de mythes primitifs (celui de la déesse-mère entre autres), et en matière architecturale (la question des linteaux et des coupoles à encorbellement[1]), la balance alors pencherait en faveur de la thèse orientale. C'est peu : bien sûr les rapprochements entre les ***tholos*** égéennes et certaines constructions dolméniques de France et d'Angleterre sont fort tentants ; bien sûr l'étude comparée des céramiques du Chalcolithique donne ***vaguement*** l'i-

1. La coupole à encorbellement apparaît à Arpatchiya en Mésopotamie, au IVe millénaire.

dée d'une primauté ibérique ; bien sûr... Et l'on peut trouver ainsi nombre d'arguments dans l'un ou l'autre sens, mais de bien maigre intérêt[1]. De toute façon, ***les éléments communs des ensembles mégalithiques ne doivent pas être rapportés à de grandes migrations néolithiques*** (Hans Biedermann).

Et si André Varagnac parle des « missionnaires » du mégalithisme, ou Gordon Childe de « saints mégalithiques », c'est bien plutôt pour définir l'implantation sporadique d'une idée générale d'architecture mythique et de coutumes en relation avec le culte des pierres, que pour signaler l'existence d'un courant religieux qui, se déplaçant de proche en proche, aurait donné l'illusion d'une « civilisation » mégalithique. Car, tout de même ce qui surprend si fortement dans cette étude, c'est que ***hors les mégalithes rien d'autre ne caractérise le mégalithisme***. Après les épisodes hébreux dont nous avons parlé, les seules références historiques aux « pierres dressées » apparaissent dans les promulgations de textes religieux chrétiens : les différents édits conciliaires notamment, dont nous avons donné la liste dans nos repères chronologiques de la première partie de ce livre.

Or il n'y est jamais fait mention d'autre chose que de cultes précis rendus aux pierres, cultes votifs, commémoratifs, en liaison avec les cérémonies mortuaires et les rituels de fertilité : rien jamais ne donne l'impression de survivances culturelles ou politiques que l'on puisse attribuer avec quelque probabilité à une « civilisation » dolménique. L'idée mégalithique a dû se surajouter ***sans rien remplacer*** chez tous les peuples où elle s'est implantée. Rien d'autre d'assuré ne peut être dit là-dessus, la meilleure preuve en étant que l'on observe des mégalithes dans le monde entier ou presque, dans des pays de traditions et de religions variées, et dans des pays dont l'histoire n'a pas pris naissance au même moment.

1. Les datations donnent sensiblement les mêmes résultats pour les deux « berceaux ».

Des thèses plus récentes verraient plutôt un ensemble convergentiel d'îlots mégalithiques, « l'idée » dolménique étant née spontanément dans diverses régions du globe. Pour nous limiter à l'Europe, disons qu'on parle du Portugal, de la mer Egée (et des rivages du Moyen-Orient), et de la Scandinavie (où s'observe une énorme densité mégalithique)...

RÉPARTITION MÉGALITHIQUE
EUROPE-MOYEN-ORIENT

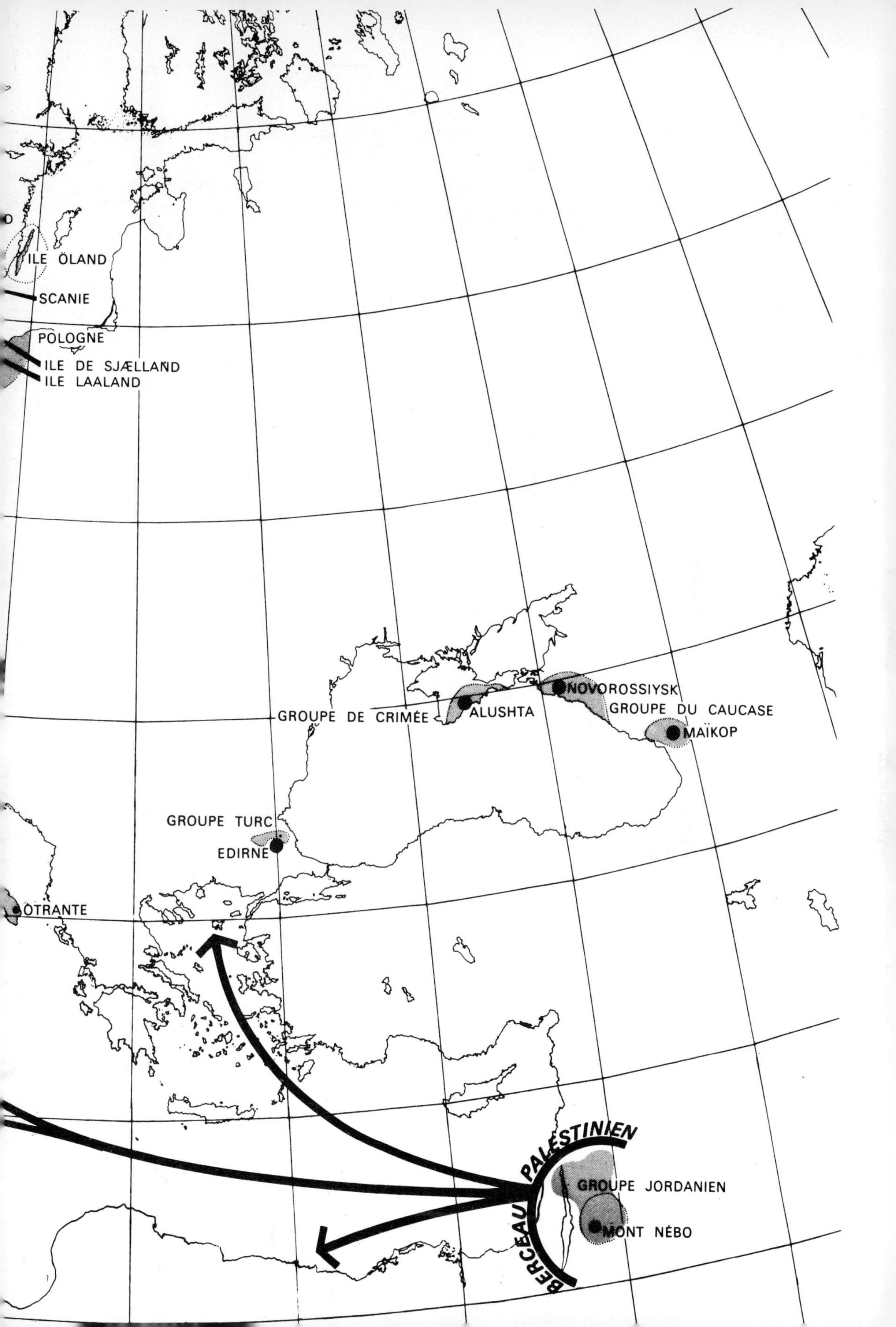
D
ILE ÖLAND
SCANIE
POLOGNE
ILE DE SJÆLLAND
ILE LAALAND
GROUPE DE CRIMÉE
ALUSHTA
NOVOROSSIYSK
GROUPE DU CAUCASE
MAÏKOP
GROUPE TURC
EDIRNE
OTRANTE
BERCEAU PALESTINIEN
GROUPE JORDANIEN
MONT NÉBO

RÉPARTITION DU MÉGALITHISME[1]

Si l'on commence par l'Asie ce très rapide survol de l'extension mégalithique, c'est aux Indes, au Dekkan, que nous trouvons la plus forte concentration de monuments : on pourrait en effet y observer plus de 2 200 dolmens. Mais les « traînées » mégalithiques s'observent dans des régions aussi différentes que le Pendjab, le Pakistan oriental (les monts Khassias), l'Assam et Ceylan. Quant aux alignements du Tibet, nous en avons déjà longuement parlé.

En Corée, la « civilisation » dolménique a donné des ensembles très importants, depuis longtemps déjà étudiés. Ils sont énormes et se caractérisent par l'épaisseur très grande des montants et des tables.

Enfin les groupes du Japon sont relativement mal connus, au contraire de ceux de la Palestine, étudiés depuis longtemps, et qui sont disséminés dans les territoires qui correspondaient autrefois aux tribus de Ruben, Gad, Benjamin, Ephraïm et Issachar, aux alentours du Mont Nébo et au nord-ouest du lac de Tibériade.

En Afrique, une immense traînée dolménique recouvre pratiquement toute la région du Maghreb, le nord de l'Algérie et de la Tunisie. Les groupes sont très importants. Plus au sud, les ensembles d'Ethiopie sont connus pour leurs menhirs phalliques, comme d'ailleurs le groupe de Tondidaro au Soudan, survivants sans doute de traditions complètement perdues dans le centre africain.

En Europe ce qui frappe surtout (dans une approximation très grossière) c'est l'étendue de la « coulée » mégalithique qui semble se poursuivre depuis le Maghreb en envahissant la péninsule Ibérique, puis sur la moitié ouest de la France, pour s'évaser ensuite en « éventail » dans les îles Britanniques et l'Irlande, de façon presque totale, jusqu'à l'extrême pointe des îles qui sont au nord de l'Ecosse. Et là, tout d'un coup, il n'y a plus rien : la Norvège est complètement dépourvue de mégalithes, la Finlande et les pays Baltes aussi. Par contre la Suède méridionale et l'ensemble du Danemark sont abondamment fournis (l'île de Sjœlland compte près de 3 500 dolmens sur une superficie à peine plus grande que celle de notre Finistère).

Pour la France, nous ne pouvons mieux faire que de donner ici le décompte des

1. Cf. l'excellent ouvrage de Fernand Niel, *Dolmens et menhirs*, Presses universitaires de France, 1966.

monuments mégalithiques par départements, au moins pour ceux qui ont la plus forte densité de construction :
Aveyron : 480 dolmens, 35 menhirs. Ardèche : 450 dolmens, 8 menhirs. Finistère : 353 dolmens, 314 menhirs. Morbihan : 343 dolmens, 240 menhirs (outre les alignements). Lot : 285 dolmens, 4 menhirs. Gard : 224 dolmens, 45 menhirs. Lozère : 213 dolmens, 17 menhirs. Hérault : 182 dolmens, 13 menhirs. Côtes-du-Nord : 133 dolmens, 98 menhirs. Loire-Atlantique : 125 dolmens, 155 menhirs. Vienne : 114 dolmens, 18 menhirs. Eure-et-Loir : 111 dolmens, 68 menhirs. Vendée : 111 dolmens, 100 menhirs. Dordogne : 110 dolmens, 16 menhirs. Tarn-et-Garonne : 76 dolmens, 5 menhirs. Charente : 73 dolmens, 8 menhirs. Aube : 69 dolmens, 33 menhirs. Maine-et-Loire : 63 dol-

Un cas extravagant de christianisation : le menhir de 4,43 m accolé aux pierres de la cathédrale Saint-Julien du Mans (Photo Denis Roche).

Le dolmen christianisé de Cruz-Menquen, au bourg de Carnac.

mens, 46 menhirs. Indre : 58 dolmens, 24 menhirs. Charente-Maritime : 56 dolmens, 21 menhirs. Indre-et-Loire : 60 dolmens, 8 menhirs. Ille-et-Vilaine : 37 dolmens, 114 menhirs, etc.

La France compterait à elle seule 6 840 mégalithes : 4 460 dolmens, 2 200 menhirs isolés,

Le dolmen aux colonnes romanes de Saint-Germain-de-Confolens, Charente.

70 alignements et 110 cromlec'hs.

Une constatation à faire tout de même : la région « Ardèche — Gard — Hérault — Lozère — Aveyron — Lot », qui comporte plus du tiers des dolmens de la France, ne contient que la vingtième partie des menhirs du territoire. Peut-être cependant n'y a-t-il là qu'une coïncidence en relation avec des procédés de destruction différents, ou quelque effet de la détérioration naturelle, en liaison avec les variations de matériau d'une région à l'autre.

DESTINATION DES MÉGALITHES

Chez tous les peuples primitifs on observe un besoin *immédiat* d'ériger des stèles ou de dresser des poteaux. Dans l'Antiquité, il suffit de citer l'impressionnante série de stèles de Byblos (restée inexpli-

Page suivante : la « Croux Prostlon » en Locoal-Mendon, Morbihan : stèle (phallique ?) marquée d'une croix de Malte.

quée) et dans les temps modernes le poteau cosmique des chamanes, les stèles de bois des Polynésiens ou des Guinéens, les fameuses « idoles des ancêtres » au pied desquelles se déroulent des cérémonies propitiatoires souvent complexes. Bref, la comparaison va si loin qu'André Varagnac a pu écrire que le menhir était l'équivalent d'un poteau de bois : signal, stèle, totem, pieu, clôture, borne, pic à ascension virtuelle, etc. Cependant de plus en plus se fixe l'idée d'un poteau, certes, mais d'un poteau « assembleur de forces éparses ». Carl Schuchhardt considère les menhirs comme des trônes potentiels pour les âmes des morts, « comme des sortes de perchoirs pour ces âmes qui planent dans les airs comme des oiseaux ». Il est certain qu'ils jouent un rôle de polarisateurs de forces, d'énergies incontrôlables par les esprits vivants, quand ce n'est pas de maléfices qu'ils neutralisent alors. Un menhir doit servir au clan : il « signale » une force ou un lieu où circulent les forces (menhir indicateur de sépulture ?).

La fonction du dolmen est beaucoup plus complexe.

Evidemment tous les préhistoriens s'accordent à reconnaître aujourd'hui son rôle funéraire. Mais là s'arrête notre connaissance du phénomène dolménique. Et beaucoup de questions restent en suspens, dès qu'il ne s'agit plus de typologie dans la classification formelle des genres de monuments : ainsi en premier lieu le pourquoi de la construction colossale reste sans réponse. De même la question de savoir si vraiment tous les dolmens étaient autrefois enterrés (car tout de même on connaît un certain nombre de cas où le dolmen est bâti au sommet d'une éminence). Et puis pourquoi toutes ces formes : à galerie, à cabinets latéraux, à dallage, sans dallage, à montants droits, à montants inclinés, à entrée fermée ou libre, à chambre élargie ou pas, à chambre cloisonnée ou non, etc. ?

Les corps étaient ou incinérés ou inhumés, accroupis ou allongés, ligotés ou libres, avec des fractures votives ou non. Dans les dolmens, dit Fernand Niel, ***les squelettes se trouvent en nombre quelconque, ce nombre allant de l'unité à plusieurs centaines***, et il nous est impossible de savoir si l'on pratiquait le « décharnement présépulcral » ou si l'on ne mettait les morts *dans* les dolmens qu'après une longue inhumation en pleine terre. En-

Page précédente : La Vénus de Quinipily, près de Baud, Morbihan : idole gallo-romaine, peut-être d'origine mégalithique.

fin, ne connaissant absolument pas les linéaments des sociétés du Mégalithique, il est bien difficile de dire si les dolmens servaient à des castes précises ou si au contraire ces monuments étaient indistinctement le bien de tous.

Ce n'est sans doute pas réconfortant, tant d'hypothèses, tant de doutes, tant d'exceptions (et je ne donne ici qu'un survol très grossier du problème. Plus on entre dans le détail et plus les questions restent sans réponse), mais aussi l'on est ramené toujours plus violemment à la pierre, à sa contemplation, à subir son état rigide.

Cinquième journée

Visite à Gavrinis

« Les Celtes étaient de grands dormeurs. »
Simon Pelloutier
Histoires des Celtes,
1741.

« Le sel crépite sur une
pierre grise, enterrée à moitié. »
Pierre Oster, *La Grande*
année, Gallimard, 1966.

LE DOUBLE CROMLEC'H D'ER-LANNIC

C'est par les soins d'un ancien scaphandrier, Lucien Lautram, patron pêcheur de Locmariaquer, que J.-R.M. et moi réussissons à aborder sur l'îlot d'Er-Lannic, après plusieurs essais infructueux. D'abord il nous fallut attendre, écouter son intarissable conférence sur l'art de « chauler » les huîtres, boire le blanc qui fait savourer si fort les jeunes huîtres, tout cet appareil de la conversation des hommes qui fait quelquefois disparaître les objectifs dans une douceur et une indolence tièdes.

Le golfe, ce matin-là, est lumineux. Nous avons attendu des heures, à regarder marcher au loin les maraîchers entre les longs pieux qui délimitent les goulets, à voir briller le soleil sur la vase incandescente, à « sentir » presque monter l'eau. Enfin la marée est à son comble et nous embarquons sur un canot à moteur de belle couleur, et, plein régime, tandis que Lucien Lautram nous parle de la mer de Chine, nous filons vers l'îlot d'Er-Lannic (La *Petite-Lande*), après avoir contourné l'Ile-Longue, et à 300 mètres tout au plus au sud de Gavrinis. C'est dire que nous sommes en bordure du courant très fort qui s'engouffre jusque-là à l'intérieur du golfe, ce qui rend l'accès à l'îlot plutôt périlleux pour qui n'est pas habitué au maniement des esquifs dans pareil lieu.

On aborde par le versant est. La quille en V frotte sur les goémons. Pour sortir, rien de plus simple : on s'enfile à l'intérieur de l'habitacle et on en ressort à l'avant, par un hublot de proue. Il suffit alors de sauter, d'un coup de reins, le plus loin possible sur les galets. Un bond et nous y voilà. Lucien Lautram nous montre (il a l'habitude de mener ici des archéologues étrangers, de pieux pèlerins de ces « étrangetés ») un grand menhir couché dans la vase, coiffé de goémons, à une soixantaine de mètres au nord-est du cromlec'h. Il aurait été, dit-il, déplacé par les ostréiculteurs qu'il gênait. Mais, à cet égard, remontons un peu dans le temps.

L'îlot ne mesure guère que 130 mètres de diamètre dans le sens nord-sud et 100 mètres d'est en ouest. C'est dire son

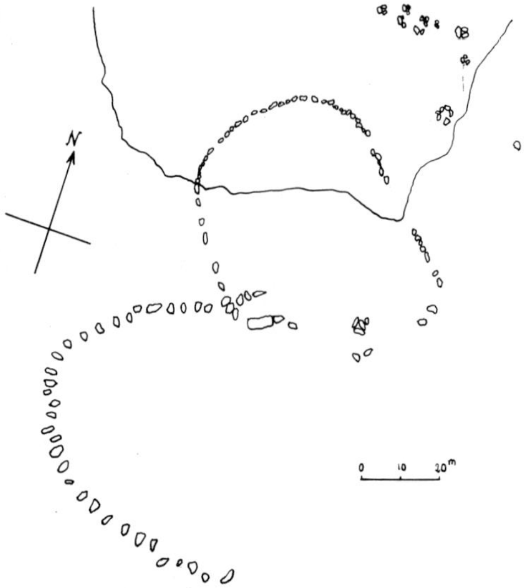

Les deux cromlec'hs d'Er-Lannic, dans le golfe du Morbihan.

insignifiance et faire comprendre que son cromlec'h n'ait été « découvert » qu'en 1866 ! Le docteur de Closmadeuc, son inventeur, en fit d'ailleurs plusieurs études fort brillantes[1] avant que Zacharie Le Rouzic ne publie son ouvrage exhaustif sur les différentes campagnes de fouilles qu'il y mena de 1923 à 1926, et pendant lesquelles il redressa la plupart des menhirs[2].

Le monument est fait d'un double cromlec'h dont le premier cercle est totalement submergé et invisible toute l'année. Le deuxième cercle est partiellement submergé : c'est lui qu'on visite et c'est de lui surtout qu'il est question dans les études publiées, la force du courant central du golfe empêchant toute prospection sérieuse du cromlec'h 1, submergé sous quelques mètres d'eau aux tourbillons violents. A l'origine (au moment de sa découverte par Closmadeuc), le cromlec'h 2 comportait 49 blocs dont 14 étaient régulièrement sous l'eau. Nous promenant sur la grève pour chercher des angles de prises de vue, nous observons d'autres menhirs couchés dont plusieurs de près de 3 mètres. Etat de délabrement général, même dans la

1. Dr G.-T. de Closmadeuc, *Le cromlech d'Er-Lannic et le golfe du Morbihan à l'époque dite celtique*, Vannes, 1883.

2. Z. Le Rouzic, *Les cromlechs de Er-Lannic*, Vannes, 1930.

Le cromlec'h 2 d'Er-Lannic (vue partielle).

portion centrale (celle qui est restaurée), où plusieurs menhirs sont dangereusement inclinés. Mais le tout a une certaine force sur cet îlot envahi de lierre (on marche dessus en enfonçant un peu), de menthes et de plantes de toutes sortes. Nous faisons le tour, ramassant des silex dans la partie où la terre meuble est affouillée par les hautes marées et où le terreau se détache d'un coup des multiples racines qui l'emprisonnaient.

L'île a été occupée depuis la préhistoire (le Mésolithique) jusqu'à l'époque romaine. Le cromlec'h 2 (on l'appelle aussi le « cromlec'h terrestre ») est fiché dans un talus de soutènement fait de pierraille et de terre, et c'est dans l'intérieur de ce talus, au pied des menhirs, qu'on a mis au jour un certain nombre de foyers rituels dans de petites constructions rectangulaires de pierres. Ici, comme au Mané-Lud, comme dans presque tous les grands dolmens de Bretagne, nous nous trouvons devant un cérémonial du feu, très mystérieux, en relation avec des repas cultuels funéraires, qui dénotaient l'emprise du surréel sur ces peuples pêcheurs et pastoraux.

Le retour sur l'esquif est plus difficile, l'eau continue à monter, et le temps étant sur le point de changer, nous mettons le cap sur Gavrinis, droit devant nous.

GAVRINIS, LE CHEF-D'ŒUVRE DU MÉGALITHISME

L'accostage ici est plus ample, plus « préparé » : une jetée en béton permet de s'arrimer convenablement. Nous sommes sur le versant postérieur de l'île, à l'opposé de la seule ferme de l'île, et déjà sur le sentier qui monte vers le tumulus le plus célèbre du monde. Il faut ici beaucoup d'humilité sans doute pour dire son enthousiasme quand il s'agit pourtant de blocs mégalithiques ornés de dessins indéchiffrables : je m'assieds dans le fond de la galerie, sur la dalle qui sépare la galerie de la chambre. J'écris à la lumière des bougies que le propriétaire laisse en tas à la disposition des visiteurs, juste derrière la petite porte de bois qui masque l'entrée. Mais ici, le guide, l'amateur, l'écrivain, rien ne subsiste devant le dessin profond, sinueux, ancestral. Il recouvre tout comme un serpent dément. Et pourtant rien ne lui est plus conforme, dans le ton, que le texte que lui consacra Prosper Mérimée, mesuré, impersonnel comme seul l'auteur de la *Vénus d'Ille* pouvait écrire sur Gavrinis. Laissons-lui la parole.

« NOTE SUR UN MONUMENT DE L'ILE DE GAVR'INNIS » PAR PROSPER MÉRIMÉE, INSPECTEUR DES MONUMENTS HISTORIQUES[1]

Près de l'entrée du Morbihan, en face de Locmariaker, on aperçoit deux éminences artificielles ou deux Galgals, *allongés, l'un sur la pointe S. de l'Ile Longue, qui n'est séparée du continent que par un étroit canal ; l'autre, qui semble s'élever du milieu de la même île, appartient, en effet, à celle de Gâvr'Innis*[2]*, beaucoup moins grande que la première, et s'étendant comme celle-ci du N. au S. De même que la plupart des îles du Morbihan, Gâvr'Innis est un rocher de granit recouvert d'une couche mince de terre végétale. L'île est cultivée, et un fermier y réside avec sa famille, l'exploitant pour le compte de M. le maire de Crac'h, qui en est propriétaire.*

Il y a quelques années un éboulement des pierres dont le monticule est composé fit apercevoir, vers la moitié de sa hauteur, au S.-O., quelques pierres beaucoup plus grosses, et symé-

1. Publiée à Paris en 1836.

2. M. Beautemps-Beaupré l'appelle *Gaverné* dans sa belle carte du Morbihan. Les gens de Locmariaker prononcent *Gaffr'né*. On me dit que Gâvr'Innis est la meilleure orthographe. Ce nom se compose de deux mots bretons, *Gâvr'*, chèvre, et *Innis*, île. (Note de Mérimée.)

« Le monument de Gavrennez », d'après le chevalier de Fréminville (1838). ▶

1.

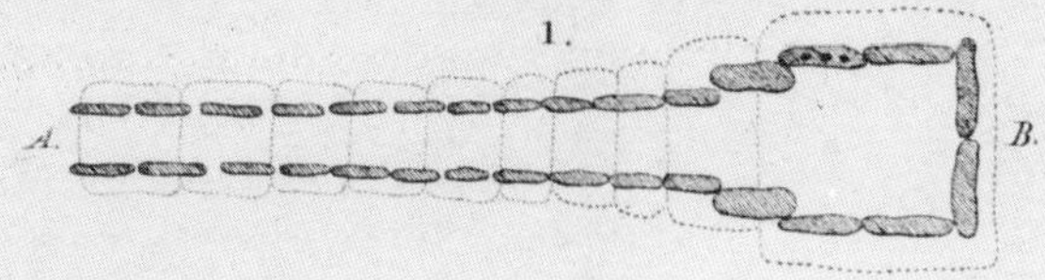

N.B. Les traits ponctués indiquent les dalles qui forment le plafond.

Echelle
5 10 15 20 25 30 35 40 45 50 Pieds.

2.

Coupe de la Tombelle suivant la ligne A.B.

Décorations de l'intérieur du dolmen de Gavrinis ; réseaux de « chevelures », haches de pierre polie, torses féminins, « sexes » ou « empreintes digitales », serpents psychopompes et haches emmanchées. (cf. pp. suiv.)

triquement disposées, comme celles des dolmens. Entre le toit et la paroi, une ouverture triangulaire laissait à peine passage à un homme pour pénétrer dans une cavité à moitié obstruée de terre et de pierres. Cette découverte resta longtemps sans résultats, lorsque M. Lorois, préfet du Morbihan, eut l'heureuse idée de faire faire des fouilles en ce lieu. Les matelots d'une goëlette en station dans le golfe y employèrent leurs loisirs, et bientôt ils eurent déblayé une grande portion d'un souterrain caché dans l'intérieur du Galgal.

Après avoir examiné tous les monuments répandus sur la presqu'île de Locmariaker, je me procurai un bateau, et, pourvu d'un briquet et d'une bougie, je me rendis à Gâvr'Innis. Montant rapidement la pente assez raide du Galgal, je me trouvai

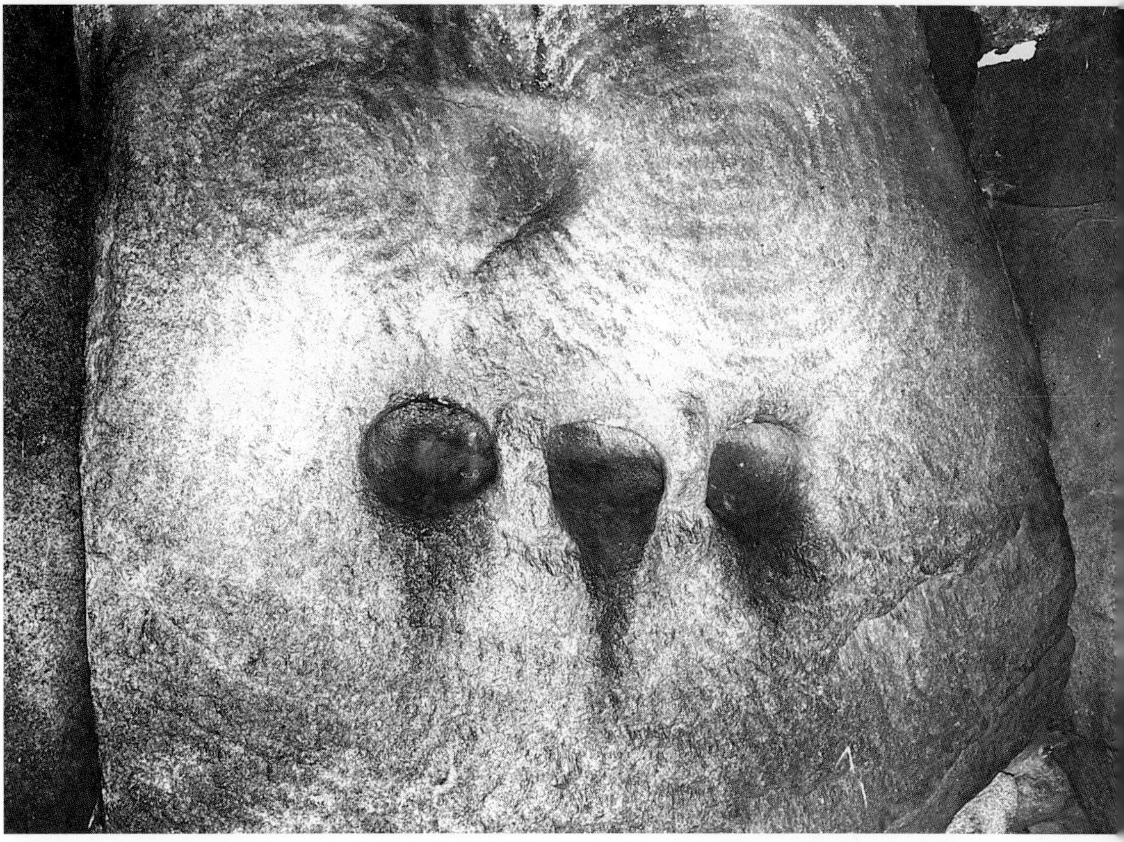

Gavrinis.

bientôt en face de l'ouverture triangulaire dont j'ai parlé ; c'était alors la seule qui donnât accès dans le souterrain ; elle me parut élevée de vingt-cinq à trente pieds au-dessus de la surface de l'île. Là je me mis à plat ventre ; m'aidant des mains et tiré par les pieds par le patron du bateau, je me trouvai en un instant au fond de la caverne, sans autre accident que quelques écorchures aux mains, car en ce lieu le sol était parsemé de morceaux de verre. Ce n'étaient pas des débris de lacrymatoires, c'étaient tout bonnement des tessons de bouteilles bues quelques jours auparavant par un touriste anglais. La bougie allumée, je me mis à parcourir le souterrain.

Qu'on se représente un grand dolmen fort régulier, enseveli sous un amas de terre et de pierres. Sa plus grande longueur est de l'O à l'E. En entrant par l'ouverture au S.-O. on se trouve d'abord dans une chambre longue de 3,10 mètres, large de 2,32

Gavrinis.

mètres à 2 mètres. A l'O, elle est fermée par deux pierres verticales. Deux autres forment chacune des parois N. et S. Une très-grande pierre posée horizontalement recouvre toute la chambre, et paraît déborder beaucoup ses parois. A l'E., cette chambre communique à une galerie plus étroite (1,39 m), mais fort longue, construite comme celle-ci de pierres verticales et horizontales.

Lorsque je visitai Gâvr'Innis, les fouilles n'étaient pas terminées et l'on ne pouvait parcourir que neuf ou dix mètres de la galerie ; encore fallait-il se traîner sur les genoux la moitié de cette distance. Aujourd'hui, par les soins de M. le maire de Crac'h, le souterrain est entièrement déblayé. M. le préfet du Morbihan a bien voulu m'envoyer des renseignements sur les résultats de ces fouilles pour compléter mes propres observations. C'est à son obligeance que je dois le plan ci-joint, et quelques-uns des dessins qui l'accompagnent ; la brièveté de ma visite à Gâvr'Innis et l'état où se trouvait alors le monument ne m'ayant pas permis d'en copier tous les principaux détails.

La longueur de la galerie est de 12,55 mètres, ce qui donne pour tout le souterrain une étendue de 15,65 mètres, de l'O. à l'E. ; sa hauteur, ainsi que celle de la chambre où elle conduit, est de 1,80 mètres à 2 mètres. Le sol comme le toit est couvert de grandes pierres plates s'étendant d'une paroi à l'autre. Vers l'E. de la galerie on remarque une pente sensible, ce qui produit dans le pavé du souterrain des espèces de marches ou plutôt des paliers. On en compte quatre inégalement espacés.

Les pierres du toit diffèrent beaucoup dans leurs dimensions : la plus grande, celle qui couvre la chambre occidentale, a plus de vingt pieds de long, et quinze ou seize de large : les autres sont moins considérables, la plupart cependant dépassent dix et douze pieds de long. La largeur moyenne des pierres composant les parois est de plus d'un mètre ; je ne sais à quelle profondeur elles sont enterrées. Au N. on en compte quatorze verticales dans la chambre et la galerie, treize seulement au S.

J'ai déjà dit que l'extrémité O. du souterrain était fermée par deux pierres ; l'autre extrémité est ouverte, ou pour parler plus exactement, elle n'est bouchée que par les petites pierres amoncelées qui constituent le Galgal. Quant à l'épaisseur des parois et du toit, on sent qu'il est difficile d'en juger. D'après ce qu'on peut observer par les interstices et les portions des pierres qui ne sont pas complètement enterrées, on conjecture qu'il y en a peu qui n'aient de deux à trois pieds d'épaisseur. Quelques-unes sont jointes avec une assez grande précision, en sorte qu'elles paraissent taillées, mais c'est le plus petit nombre, et les vides qu'elles laissent entre elles sont assez grands pour avoir donné passage aux pierres qui obstruaient la galerie.

Outre sa situation souterraine, ce qui distingue le monument de Gâvr'Innis de tous les dolmens que j'ai vus, c'est que presque toutes les pierres composant les parois sont sculptées et couvertes de dessins bizarres. Ce sont des courbes, des lignes droites, brisées, combinées de cent manières différentes.

Je ne saurais mieux les comparer[1] *qu'au tatouage des insulaires de la Nouvelle-Zélande, dont on voit des têtes ainsi ornées, dans les cabinets d'Histoire naturelle. Souvent sur la même*

1. L'idée n'est pas si mauvaise, personne à ma connaissance n'a repris cette idée (invérifiable bien sûr) de la reproduction sur la pierre des tatouages « totémiques » primitifs.

pierre il y a des divisions, des espèces de compartiments qui séparent du fond et encadrent une portion des dessins. Pour graver tous ces traits extraordinaires, on n'a pas pris le soin de polir préalablement la surface de la pierre, car sur presque toutes on voit ces grandes ondulations irrégulières que présente la cassure d'un bloc de granit ; pourtant aucune n'offre d'aspérités trop marquées. Le trait des dessins gravé en creux, à un demi-pouce de profondeur à peu près, forme comme un canal, plus étroit au fond qu'à la surface. Çà et là quelques dessins se détachent en relief sur le fond, comme ceux de la Table des marchands *à Locmariaker.*

Parmi une multitude de traits bizarres qu'on ne peut regarder que comme des ornements, on en distingue un petit nombre que leur régularité et leur disposition singulière pourraient faire ressembler à des caractères d'écriture ; ce sont des triangles très allongés fort semblables à des coins, ou bien à ces instruments étranges de silex ou de jade, qu'on appelle vulgairement Celts *ou* haches Celtiques. *Dans un espace réservé vers le haut de la cinquième pierre de la paroi méridionale (je commence à numéroter du côté de l'O.) on voit dix-huit de ces coins*[1] *disposés sur trois lignes horizontales, les uns la pointe en haut, les autres en sens inverse. La cinquième pierre de la paroi opposée en présente quatre sur une seule ligne. On en trouve d'autres encore sur la quatrième et la huitième pierres de la paroi N., mais au nombre d'un ou de deux seulement. Les coins de la quatrième pierre (paroi S.) sont remarquables entre tous les autres, parce que ce sont les seuls placés horizontalement ; leurs pointes sont opposées. Souvent la base de ces coins est arrondie, quelquefois fermée par deux lignes qui se rencontrent sous un angle très-obtus.*

Une imagination un peu vive n'hésitera pas à voir là des inscriptions en caractères cunéiformes ; cependant en les examinant avec attention, on n'y découvre qu'un si petit nombre de combinaisons distinctes, d'ailleurs si souvent répétées, qu'on devra bientôt renoncer à les considérer comme des lettres d'une écriture inconnue. Ces combinaisons sont au nombre de quatre, suivant la position horizontale ou verticale du coin et celle de sa pointe. Mais il est évident que, sur plusieurs pierres, deux coins ont été rapprochés à dessein, de manière à former un groupe distinct. Admettant cette réunion des signes deux par deux, le nombre des combinaisons sera porté à six ; car on peut distin-

1. Ce sont les haches de pierre polie bien sûr.

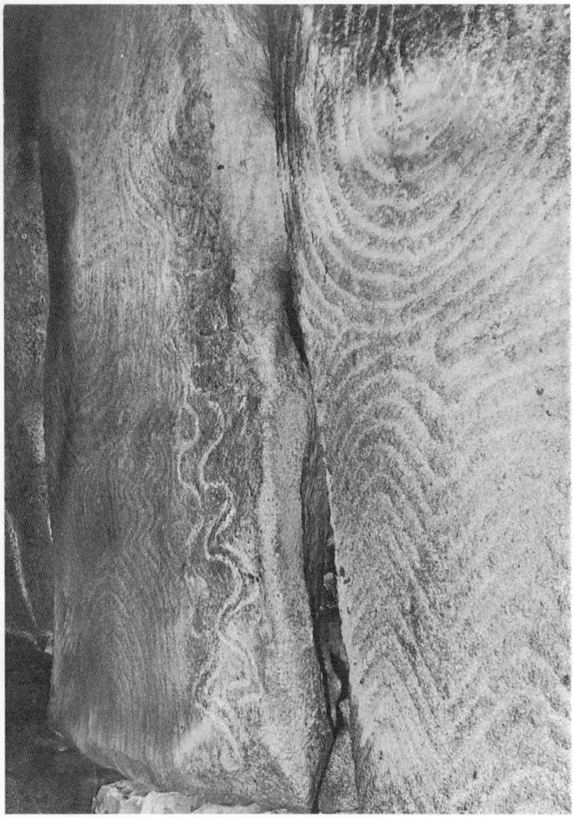

guer deux groupes, les uns la pointe en haut, les autres en sens inverse. Peut-être faut-il considérer comme une septième combinaison la réunion de deux coins placés verticalement, l'un élevé, l'autre renversé. Enfin on arrivera à reconnaître un huitième caractère, si l'on veut prendre pour un signe particulier un coin la pointe en bas, au-dessus duquel est tracée une espèce d'ovale, comme un point sur un i (septième pierre de la paroi S.). On observera qu'une même combinaison se représente jusqu'à cinq fois sur la même pierre (deux coins la pointe en bas). Ce petit nombre de signes et leur répétition me semblent prouver qu'ils ne sont pas des caractères d'une écriture quelconque. Que les hommes qui les ont sculptés y aient attaché une idée, un sens, que ce soit autre chose qu'un simple ornement, cela ne me paraît pas douteux ; mais la signification, qui peut espérer aujourd'hui la découvrir ?

Je ne dois point oublier quelques autres dessins remarquables. J'en citerai d'abord dont les partisans du système de l'Ophiolâtrie[1] *ne manqueront pas de s'emparer. Ce sont trois serpents gravés à la base de la septième pierre de la paroi S. Celui de gauche, dont la tête est tournée du côté opposé, est séparé des deux autres par une ligne verticale. Il touche presque à un groupe de deux coins, dont l'un est surmonté d'un petit ovale ; j'en ai déjà parlé. Cet ovale sera, si l'on veut, l'œuf des druides qui produisait un serpent. Les deux autres serpents ont la tête tournée à gauche.*

Enfin, au haut de la neuvième pierre de la paroi S., on observe comme une serpe ou un crochet avec un manche. Je ne demande pas mieux que ce soit la serpe d'or, destinée à cueillir le gui sacré.

Il faut noter que ces figures, serpents, coins, serpe ou crochet, ont une saillie sensiblement plus forte que celles des autres dessins. Parmi ces derniers, il en est un qui se reproduit assez fréquemment, une fois même avec une sorte de régularité (dixième pierre de la paroi S.), c'est une suite de demi-cercles ou de demi-ellipses concentriques. Des cercles complets et concentriques sont plus rares. Il y a encore des chevrons, des zigzags et bien d'autres traits impossibles à décrire, et dont les croquis ci-joints pourront donner une idée.

Il semble que quelques pierres n'aient jamais été gravées ; par exemple, sur la paroi N., la deuxième, la treizième et la quatorzième ; sur la paroi S., la onzième, la douzième et la

1. Voir le mémoire sur l'*Ophiolâtrie* de M. de Penhouet, et celui de M. Bathurst Deane sur le même sujet, *Observations upon Dracontia*. Archéologia, t. 25. (Note de Mérimée.)

treizième. Plusieurs en outre sont devenues, par le temps, presque complètement frustes. M. le préfet du Morbihan m'écrit qu'il a vu quelques dessins du même genre que ceux dont je viens de parler, sur des marches de la galerie.

Vers le centre de la deuxième pierre de la paroi S., on remarque une forge profonde creusée dans le bloc, au-dessus de laquelle on a réservé en deux endroits une espèce d'anneau pris dans la masse, mais nullement saillant. Entre ces anneaux et le fond de la pierre on pourrait aisément passer le bras. Cette gorge est couverte de noir de fumée ; mais cette apparence, sur laquelle on pourrait peut-être fonder un système, provient de l'habitude qu'ont les curieux de poser leurs lampes dans cette cavité. L'usage de ces deux anneaux est un mystère. Il paraît évident qu'ils ont servi à attacher quelque chose, car ils sont polis par un frottement prolongé. Je ne puis croire qu'ils aient été taillés pour transporter la pierre plus facilement, puisque aucune autre, même plus lourde, n'en offre de semblables. Comme on est assez porté à attribuer aux druides et à leurs adhérents toutes les inventions possibles de cruauté, il est permis aux âmes sensibles de se représenter attaché là quelque misérable qu'on égorge sans défense, ou bien que l'on abandonne vivant, enseveli dans ce lugubre souterrain.

Malheureusement, le témoignage unanime de tous les habitants de l'île, et de toutes les personnes présentes aux fouilles, contredit un peu cette supposition poétique. Dans l'intérieur de la caverne on n'a trouvé rien absolument que de la terre et des pierres semblables à celles qui la couvrent. Vainement j'ai interrogé des paysans qui n'avaient aucun intérêt à me tromper. Je leur ai demandé si l'on n'avait pas trouvé des cendres, des ossements, des instruments de métal ou de pierre, des poteries. Toujours leur réponse a été négative. On n'a pas même découvert dans les fouilles une seule hache celtique, dont on trouve quantité dans quelques autres îles du Morbihan.

Le toit aussi bien que les parois et le pavé du souterrain sont de granit ; une seule pierre, la huitième de la paroi N., est un bloc de quartz presque pur. Je doute qu'il provienne de l'île. Les pierres amoncelées au-dessus et autour de la caverne sont également des fragments de roches granitiques, en général de la grosseur de nos moellons, et leurs angles brisés prouvent qu'elles ont été transportées d'assez loin. Quelques cailloux ronds semblent avoir été pris sur la grève. Enfin on trouve encore mêlée aux pierres une quantité notable de sable et de terre végétale.

En présence d'un monument d'une civilisation inconnue et privé de tout renseignement historique, on a peine à résister à la tentation si naturelle de chercher quelque hypothèse sur son origine.

Malgré l'absence complète de débris humains ou d'ustensiles funéraires, sa destination la plus probable c'est une sépulture[1]*. On ne peut guère supposer, en effet, que ce soit un monument religieux, car en ce cas pourquoi l'enterrer sous un amas de pierres ? En Suède, en Norvège et en Irlande, on a trouvé dans l'intérieur de certains tumulus, des cavernes analogues à celle de Gâvr'Innis. Elles renfermaient des ossements, quelquefois des squelettes entiers. Il semble que l'intention de ceux qui bâtissaient ainsi un édifice au milieu d'un tumulus, ait été d'isoler le cadavre en lui faisant comme un vaste cercueil. Il est possible que l'absence d'indices funéraires provienne de quelque fouille antérieure dont la tradition se sera perdue. Dès le XIII*^e^ *siècle, des moines résidaient dans l'île Berder, voisine de Gâvr'Innis*[2]*, et la curiosité ou l'espoir de trouver des trésors a pu leur faire explorer l'intérieur du monument. Enfin il existe peut-être une cavité inférieure, que l'on n'a point encore découverte. J'ai remarqué, en effet, que dans les interstices des pierres qui pavent la chambre occidentale, on pouvait enfoncer un bâton à une assez grande profondeur ; il serait intéressant de vérifier ce fait.*

Il me semble que pour apprécier les usages d'un peuple qui n'est plus, on doit chercher parmi ceux qui existent, un degré de civilisation correspondant au degré probable de celle que possédait le peuple détruit. En examinant les dessins tracés sur les pierres de Gâvr'Innis, je me souvins aussitôt des ornements bizarres et compliqués que les naturels de la Nouvelle-Zélande s'impriment sur le visage et sur plusieurs parties du corps. Le tatouage était anciennement pratiqué chez les peuples du Nord, et les noms de quelques nations en rappellent l'usage (les Pictes et les Bretons). Chez les Zélandais, l'écriture est inconnue, mais il n'y a pas un chef qui ne sache dessiner un fac-simile *du tatouage de sa face ; ce dessin qu'ils nomment* Amoco *est pour chacun une marque, une signature en quelque sorte. Je me demande si ces pierres couvertes de traits variés, combinés de tant de manières différentes qu'on chercherait en vain deux pierres semblables, ne seraient pas des* Amocos *antiques. Si c'étaient des ornements inventés par le caprice, et seulement*

1. On m'assure que dans l'intérieur du mont Héleu on a trouvé, il y a quelques années, des cendres, des débris de poteries et des objets d'or travaillés en filigrane, enfouis sous l'espèce de dolmen dont j'ai parlé. (Note de Mérimée.)

2. Gâvr'Innis même aurait été, dit-on, habité par des moines. On a découvert près de la ferme une grande quantité d'ossements humains et un crucifix de cuivre émaillé, de style byzantin. (Note de Mérimée.)

destinés à la décoration, on y trouverait à coup sûr quelques répétitions symétriques, comme on en observe dans les ouvrages les plus grossiers des peuplades américaines. Ne peut-on pas supposer que ces tatouages, car je ne puis employer un mot qui convienne mieux aux dessins de Gâvr'Innis, ont désigné des chefs ou des tribus, peut-être des guerriers morts dans quelque bataille, ou ayant pris part à celle où leurs amis ont perdu la vie ? Dans cette hypothèse, les coins indiqueraient peut-être encore quelques circonstances particulières à ceux dont la pierre où ils sont tracés devait conserver le souvenir. Dans les hiéroglyphes en usage aujourd'hui chez quelques nations indiennes, pour commémorer des combats, certains traits gravés sur des arbres ou sur des pierres font connaître le nombre des morts ; d'autres traits dans un sens différent celui des blessés. Il y en a de distincts pour les prisonniers, pour les femmes et pour les enfants ; je soupçonne ici quelque intention analogue.

Le rapport que présente ce souterrain avec quelques monuments de la Suède et de la Norvège, et ses sculptures qui le distinguent de tous nos monuments celtiques, composés de pierres brutes, tendraient à faire croire qu'il aurait été élevé par des étrangers, des héros, ou des pirates scandinaves, par exemple ; et si cette opinion était fortifiée par de nouveaux renseignements, ce galgal ne serait peut-être pas très-ancien, je veux dire qu'il pourrait être postérieur à la domination romaine dans les Gaules. Mais d'un autre côté, comment supposer qu'un peuple conquérant, que des pillards, car les incursions des Scandinaves n'étaient que des pillages, comment supposer, dis-je, qu'ils aient pu réunir, tailler à grande peine ces énormes pierres au milieu de leurs rapides expéditions ? Une semblable opération eût exigé un grand nombre de bras, et en tout cas un temps fort long. On ne doit donc, ce me semble, attribuer l'érection de ce monument qu'à un peuple établi dans le pays d'une manière durable.

Ces chevelures, ces arceaux, ces « empreintes digitales », ces « zodiaques » (que n'a-t-on pas inventé ?) font surgir une parole éphémère, insolite, qu'on n'attend pas ici, cette parole *insensée* au-delà de laquelle gisent encore des mythes perclus, calcinés.

Varagnac associe ces arceaux innombrables au « passage » sous les portiques, les arcs-de-triomphe, les jougs, les « four-

Pages suivantes : Tombée du jour sur Gavrinis et le golfe.

ches », etc., à tous les événements qui font que les gens ont recours à un moment donné au « passage » sous l'arc magique. Signe de franchissement d'un état de mort à un état de vie, signe de transhumance bénéfique et altier.

L'abbé Breuil met les représentations de Gavrinis (nous reprenons la véritable orthographe du mot), hormis celles des haches et des serpents bien sûr, dans la rubrique de la grande déesse méditerranéenne : cheveux magiques, orbes magiques...

Varagnac pensait aussi à un motif d'arc répété indéfiniment, arc conjuratoire, et mouvement infini de son geste (vers l'intrus, ou vers les forces de l'au-delà ?)... Il existe en Irlande un autre tumulus comparable à Gavrinis sans qu'il ait ni l'ampleur ni la beauté du décor d'ici : c'est New-Grange, près de Drogheda, où une pierre posée devant l'entrée portait des spirales affrontées. Jeux de la main condamnée à l'inépuisable va-et-vient dans le crissement du burin, rébus impénétrable d'homme inoccupé. Plus loin viendront les *runes* norvégiennes aux savants entrelacs, ou les lec'hs phalliques ornés de lettres onciales, ou bien ces pierres commémoratives où l'écriture monte au faîte de la stèle, là où elle ne peut plus être « vue ».

Ici est comme le « lieu », mythique et sans lumière, de l'errance de la main.

Je sors. Il y a longtemps que Jean-Robert a grimpé tout en haut du galgal pour prendre les dernières photos de la journée : le soleil va se coucher, je distingue en bas de la pente notre capitaine pêcheur qui bourre sa pipe. Sur la droite, l'Ile-Longue et son dolmen à encorbellement (4 000 années avant le Christ) et ses fougères qui obstruent le couloir d'accès, et son visage de déesse qui ressemble à une marmite. Sur la gauche, l'Ile-aux-Moines, trop habitée, avec ses deux dolmens en ruine, et son cromlec'h malade. Devant moi, dans de la brume déjà, le goulet qui passe à la haute mer, devant l'îlot de Méaban.

Je redescends le sentier. Il commence à faire froid.

Table des textes

Eût-on voulu faire œuvre savante, une bibliographie étoffée aurait appelé des centaines de références en la seule langue française. Ce n'était pas du tout le propos de l'auteur. Pour la commodité de la consultation, la liste qui suit regroupe par ordre alphabétique d'auteurs les textes dont il est fait mention et usage au fil du livre, *repères* dans le cours d'un travail personnel. Le lecteur qui souhaiterait approfondir des aspects de la question mégalithique et compléter des sources écrites s'arrêtant ici, rappelons-le, en 1969, pourra se reporter notamment aux bibliographies détaillées publiées dans *Préhistoire de la Bretagne,* de P.-R. Giot, J. L'Helgouac'h et J.-L Monnier, 1979, Rennes, Ouest-France éditeur.

Richard J.C. Atkinson, *Stonehenge,* Londres, 1956.
R.P. Azaïs et R. Chambard, *Cinq années de recherches archéologiques en Ethiopie,* Paris, 1931, 2 vol.
G. Bailloud et P. Mieg de Boofzheim, *Les civilisations néolithiques de la France dans leur contexte européen,* Paris, Picard, 1955.
Jurgis Baltrusaitis, *La quête d'Isis,* Paris, Olivier Perrin, 1967.
Joseph de Baye, *L'archéologie préhistorique,* Paris, 1888.
Alexandre Bertrand, *La Gaule avant les Gaulois, d'après les monuments et les textes,* Paris, 1884.
Paul Bézier, *Inventaire des monuments mégalithiques du département d'Ille-et-Vilaine,* Rennes, 1883-1886, 2 vol.
Alexander Blair et Francis Ronalds, *Sketches at Carnac (Brittany) in 1834,* Londres, 1836.
Baron Arthur de Bonstetten, *Essai sur les dolmens,* Genève, 1865.
Jacques Boucher de Perthes, *Antiquités celtiques et antédiluviennes,* Paris, 1847-1864, 3 vol.
Franck Bourdier, *Préhistoire de la France,* Paris, Flammarion, 1967.
A.F. Boureau-Deslandes, « Traité sur des arrangemens singuliers de pierres, qu'on trouve en differens endroits de l'Europe », extrait du tome II (1750) du *Recueil de différens traités de physique et d'histoire naturelle,* Paris, 1748-1753, 3 vol.
Henri Breuil, Zacharie Le Rouzic et Miss M.E. Boyle, *La figure humaine dans la décoration des allées couvertes du Morbihan,* Paris, Leroux, 1938 *(Préhistoire,* t. VI).
Henri Breuil, *Quelques dolmens ornés du Morbihan,* Paris, PUF, 1959 *(Préhistoire,* t. XIII).
Jacques Cambry, *Voyage dans le Finistère,* Paris, an VII, 3 vol.
Jacques Cambry, *Monumens celtiques ou recherches sur le culte des pierres,* Paris, 1805.
Antoine-Etienne Carro, *Voyage chez les Celtes, ou de Paris au Mont Saint-Michel par Carnac,* Paris, 1857.
Emile Cartailhac, *L'âge des pierres dans les souvenirs et superstitions populaires,* Paris, 1877.

Comte de Caylus, *Recueil d'antiquités égyptiennes, étrusques, grecques et romaines*, Paris, 1752-1767, 7 vol. Tome VI, 1764.
F.-M. Cayot-Délandre, *Le Morbihan, son histoire et ses monuments*, Vannes, 18478.
Walter Charleton, *Chorea Gigantum* (Stonehenge), Londres, 1663.
François-René de Chateaubriand, *Les Martyrs*, Paris, 1809.
Paul du Chatellier, *Les époques préhistoriques et gauloises dans le Finistère. Inventaire des monuments de ce département*, Paris, 1889.
V. Gordon Childe, *The Dawn of European Civilization*, Londres, 1925. En français : *L'aube de la civilisation européenne*, traduit par L. Chatelain, Paris, Payot, 1949.
Dr. Gustave-Thomas de Closmadeuc, *Le cromlech d'Er-Lannic et le golfe du Morbihan à l'époque dite celtique*, Vannes, 1883.
Dr. Gustave-Thomas de Closmadeuc, *La question des dolmens*, Vannes, 1890.
Glyn Daniel, *The Dual Nature of the Megalithic Colonization of Prehistoric Europe*, Londres, 1941.
Glyn Daniel, *The Megalithic Builders of Western Europe*, Londres, 1958.
Glyn Daniel, *The Prehistoric Chamber Tombs of France*, Londres, 1960.
Glyn Daniel, *The Hungry Archaeologist in France*, Londres, 1963.
Rev. John Bathurst Deane, « Observations on Dracontia », *Archaeologia*, vol. XXV, Londres, 1834.
Joseph Déchelette, *Manuel d'archéologie préhistorique, celtique et gallo-romaine*, t. 1 : *Archéologie préhistorique*, Paris, 1908, rééd. 1928.
Commandant A. Devoir, « Contribution à l'étude de l'ère monumentale préhistorique. L'architecture mégalithique bretonne et les observations solaires », extrait du *Bulletin de la Société préhistorique française*, Le Mans, 1916.
Falconnet, *Dissertation sur les bœtyles*, 1729.
Elie Faure, *L'art antique*, Paris, 1909.
James Fergusson, *Les monuments mégalithiques de tous pays : leur âge et leur destination*, traduit de l'anglais par l'abbé Hamard, Paris, 1878.
Gustave Flaubert, « Des pierres de Carnac et de l'archéologie celtique », *L'Artiste*, journal de la littérature et des Beaux-Arts, Paris, 18 avril 1858.
Chevalier de Fréminville, *Antiquités de la Bretagne*. T. 1 : *Morbihan*, Brest, 1827. T. 2 et 3 : *Finistère*, Brest, 1832-1835. T. 4 : *Côtes-du-Nord*, Brest, 1837.
Chevalier de Fréminville, *Mémoires sur le monument druidique de l'île de Gavrennez et sur les carneilloux*, Paris, 1838.
P.-R. Giot, J. L'Helgouac'h et J. Briard, *La Bretagne, préhistoire et protohistoire*, Grenoble, Arthaud, 1962.
Grivaud de La Vincelle, *Recueil des monuments antiques découverts dans l'ancienne Gaule*, Paris, 1817, 3 vol.
Georges Guénin, *Pierres à légendes de la Bretagne*, Paris, 1936.
H.P. Hirmenech, *Les Venètes, la guerre de Troie et les alignements de Carnac*, Paris, 1906.
J.D. Hooker, *Himalayan Journals*, Londres, 1854.
Inigo Jones, *The Most Notable Antiquity of Great Britain vulgarly called Stone-Heng*, Londres, 1655.
J.G. Keyssler, *Antiquitates selectae septentrionales et celticae*, Hanovre, 1720.
Edward King, *Munimenta Antiqua*, Londres, 1799.
Comte de Laborde, *Les monumens de la France*, Paris, 1816-1836, 2 vol.
F. de La Sauvagère, *Recueil d'antiquités dans les Gaules*, Paris, 1770.
T.M. de La Tour d'Auvergne, *Origines gauloises*, Paris, 1797.
Zacharie Le Rouzic, *Carnac, fouilles faites dans la région (1899 et 1900)*, Vannes, 1901.
Zacharie Le Rouzic, *Les monuments mégalithiques de Carnac et de Locmariaquer, leur destination, leur âge*, Vannes, 1910, rééd. 1965.

Zacharie Le Rouzic et Charles Keller, *Locmariaquer, la Table-des-Marchands, ses signes sculptés et ceux de la pierre gravée de Mané-er-H'hroëk*, Nancy, 1910.
Zacharie Le Rouzic, *Carnac. Restaurations faites dans la région. Les cromlechs de Er-Lannic, commune d'Arzon, de 1923 à 1926*, Vannes, 1930.
Zacharie Le Rouzic, *Carnac. Fouilles faites dans la région. Tumulus du Mont Saint-Michel*, Vannes, 1932. Mis à jour par Maurice Jacq, Rennes, 1955.
Zacharie Le Rouzic, « Morphologie et chronologie des sépultures préhistoriques du Morbihan », *L'Anthropologie*, 43, 1933.
Zacharie Le Rouzic, « Le mobilier des sépultures préhistoriques du Morbihan », *L'Anthropologie*, 44, 1934.
Zacharie Le Rouzic, *Inventaire des monuments mégalithiques de la région de Carnac*, Vannes, Société polymathique, 1965.
Jean L'Helgouac'h, *Les sépultures mégalithiques en Armorique, dolmens à couloir et allées couvertes*, Rennes, 1965.
William C. Lukis, *Chambered Barrows and other pre-historic monuments in the Islands of the Morbihan, the Communes of Locmariaquer, Carnac, Plouharnel and Erdeven*, Ripon, 1875.
Olaüs Magnus, *Historia de gentibus septentrionalibus...*, Rome, 1555 (traductions française en 1561 et italienne en 1565).
Chanoine J. Mahé, *Essai sur les antiquités du département du Morbihan*, Vannes, 1825.
Nicolas Mahudel, *Mémoire sur les pierres de foudre*, 1737.
Louis Marsille, « Le Menhir et le culte des pierres », *Bulletin de la Société polymathique du Morbihan*, Vannes, 1936.
Dom Martin, *La religion des Gaulois*, 1727.
Maudet de Penhouet, *Essai sur des monuments armoricains qui se voient sur la côte méridionale du département du Morbihan, proche Quiberon*, Nantes, 1805.
Maudet de Penhouet, *Antiquités égyptiennes dans le département du Morbihan*, Vannes, 1812.
Maudet de Penhouet, *Archéologie armoricaine. Mémoire sur les pierres de Carnac*, Rennes, 1826.
Maudet de Penhouet, *De l'ophiolâtrie ou culte du serpent*, Nantes-Rennes, s.d.
Prosper Mérimée, *Note sur un monument de l'île de Gâvr'Innis (Morbihan)*, Paris, 1836.
James Miln, *Excavations at Carnac (Brittany) : the Bosseno and the Mont Saint-Michel*, Edimbourg, 1877 (traduction française la même année).
James Miln, *Excavations at Carnac (Brittany) : the alignements of Kermario*, Edimbourg, 1881 (traduction française la même année).
Oscar Montélius, *Die älteren Kulturperioden im Orient und in Europa*, Stockholm, 1903-1923, 2 vol.
Adrien de Mortillet, « Distribution géographique des dolmens et des menhirs en France », *Revue de l'Ecole d'anthropologie de Parie*, t. IX, 1901.
Gabriel de Mortillet, *Le Préhistorique, antiquité de l'homme*, Paris, 1882.
Fernand Niel, *Dolmens et menhirs*, Paris, PUF, 1957, « Que sais-je ? »
A. de Noual de La Houssaye, « Mémoire sur un monument ancien du département d'Ille-et-Vilaine connu sous le nom de la Roche-aux-Fées », *Mémoires de l'Académie celtique*, t. V.
Commandant Octobon, « Statues-menhirs, stèles gravées, dalles sculptées », *Revue anthropologique*, t. XLI, oct-déc. 1931.
Jean Ogée, *Dictionnaire historique et géographique de la province de Bretagne*, Nantes, 1776-1780, 4 vol.
Thomas Eric Peet, *Rough Stones Monuments and their Builders*, New York, 1909.
Simon Pelloutier, *Histoire des Celtes*, Paris, 1741.
Marthe et Saint-Just Péquart et Zacharie Le Rouzic, *Corpus des signes gravés des monuments mégalithiques du Morbihan*, Paris, 1927.

Stuart Piggott, *The Neolithic Cultures of the British Isles*, Cambridge, 1954.
Salomon Reinach, « Esquise d'une histoire de l'archéologie gauloise », *Revue celtique*, t. XIX, Chartres, 1898.
Salomon Reinach, « Terminologie des monuments mégalithiques », *Revue archéologique*, Paris, 1893.
Amiral Reveillère, *Mégalithisme*, Paris, 1900.
Christophe Paul de Robien, « Histoire ancienne et naturelle de la province de Bretagne », manuscrit poursuivi jusqu'à la mort du marquis de Robien, en 1756, et demeuré inédit jusqu'en 1974. Bibliothèque municipale de Rennes, cote 2436.
Yannick Rollando, *La préhistoire du Morbihan, le Vannetais littoral*, Vannes, Société polymathique, 1965.
Pierre Saintyves, « Pierres magiques : bétyles, haches-amulettes et pierres de foudre », *Corpus du Folklore préhistorique*, t. II, Paris, 1936.
Philippe Salmon, « Le grand menhir de Locmariaquer », *L'Homme*, 10 avril 1885.
Paul Sébillot, *Le Folk-lore de la France*, t. IV : *le Peuple et l'histoire*, Paris, 1907.
Abbé Jean Simon, *Le culte des morts chez les principaux peuples anciens et modernes*, Limoges, 1852.
William Stukeley, *Stonehenge, a Temple restor'd to the British Druids*, Londres, 1740.
William Stukeley, *Abury, a Temple of the British Druids*, Londres, 1743.
Vice-amiral Thévenard, *Mémoires relatifs à la marine*, Paris, an VIII, 4 vol.
André Varagnac, *L'homme avant l'écriture* (ouvrage collectif sous la direction d'André Varagnac), Paris, A. Colin, 1959.
André Varagnac, *in Antiquités nationales et internationales*, IIe année, fasc. 1 et 2, 1961.

Table des illustrations

Le grand menhir de Locmariaquer (p. 225).
Le grand menhir de Locmariaquer, dessins. Blair et Ronalds, *op. cit.* (pp. 226-227).
Alignements du Ménec (p. 230).
Le menhir de la cathédrale Saint-Julien du Mans (p. 235).
Dolmen de Cruz-Menquen, bourg de Carnac (p. 236).
Dolmen de Saint-Germain-de-Confolens, Charente (p. 237).
La « Croux Prostlon » en Locoal-Mendon (p. 238).
La Vénus de Quinipily (p. 239).
Cromlec'h d'Er-Lannic, d'après Zacharie Le Rouzic, croquis Denis Roche (p. 246).
Cromlec'h n° 2 d'Er-Lannic (p. 247).
Gavrinis, lithographie d'après un dessin du chevalier de Fréminville, *in* Fréminville, Mémoires sur le *Monument druidique de l'Ile de Gavrennez,* Paris, 1838. B.N. (p. 249).
Supports gravés du dolmen de Gavrinis (pp. 250-255).
Tombée du jour sur Gavrinis et le golfe (pp. 260-261).

L'ensemble des photographies est de Jean-Robert Masson, à deux exceptions près.

Les documents anciens clichés à la Bibliothèque nationale l'ont été par Patrice Guichard, en 1967-68, pour la première édition du livre.

L'autorisation qui nous avait été accordée, en 1967, de photographier le manuscrit du marquis de Robien, à la bibliothèque municipale de Rennes, avait été facilitée par le professeur Paul Arbousse Bastide, qui s'était vivement intéressé à notre entreprise. Nous voudrions saluer ici la mémoire d'un philosophe aux inlassables curiosités, d'un ami, mort le 11 mars 1985.

Table des matières

ACHEVÉ D'IMPRIMER
LE 17 OCTOBRE 1985
SUR LES PRESSES DE
L'IMPRIMERIE HÉRISSEY
À ÉVREUX (EURE)

Imprimé en France
n° d'éditeur : 4
n° d'imprimeur : 37863